# LES FOURMIS AUSSI PEUVENT APPRENDRE À DANSER

DE LA MÊME AUTRICE
CHEZ LE MÊME ÉDITEUR

*Si la vie te donne des citrons,
fais-en une tarte meringuée*, 2021.

*La Délicieuse Imposture du chant des sirènes*, 2022.

*Qui sème des graines de folie croque la vie*, 2023.

CHARLOTTE LÉMAN

# LES FOURMIS AUSSI PEUVENT APPRENDRE À DANSER

roman

l'Archipel

Collection « Instants suspendus »
dirigée par Virginie Fuertes

Retrouvez Charlotte Léman sur les réseaux sociaux :
www.facebook.com/antidepresSoeurs/
www.instagram.com/charlotte.leman.auteur/

Retrouvez la collection sur Instagram :
@instants_suspendus_larchipel

Notre catalogue est consultable à l'adresse suivante :
www.editionsarchipel.com

Éditions de l'Archipel
92, avenue de France
75013 Paris

ISBN 978-2-8098-5026-0

« Moi, je vis d'amour et de danse,
Je vis comme si j'étais en vacances,
Je vis comme si j'étais éternelle,
Comme si les nouvelles
Étaient sans problèmes,
[...]
Laissez-moi danser, chanter en liberté
Tout l'été. »

Dalida, « Laissez-moi danser »

J'ajouterais le printemps,
l'automne et l'hiver aussi.
Pourquoi se limiter ?

# Prologue

On se donne de grandes accolades, on échange des bises virtuelles pour ne pas abîmer le maquillage, on crie pour essayer de couvrir le bruit des sèche-cheveux, on rit. L'ambiance est à la fête dans le salon de coiffure de Millepertuis, M. Levant se marie. Je voudrais être partout sauf ici. Et surtout pas dans cette immonde robe guimauve qui semble empruntée à un dressing de poupée. J'ai eu beau protester, supplier, on ne m'a pas écoutée. À treize ans, je suis trop grande pour faire la comédie, mais encore trop petite pour être prise au sérieux. Le mauvais âge. Papa m'a priée de faire un effort. Je crois qu'il ne se rend pas compte de l'effort que je fais aujourd'hui.

Depuis 9 heures ce matin, je patiente sur un fauteuil, je suis probablement en train de prendre racine depuis le temps, alors que je pourrais être enroulée dans ma couette. Un coup de peigne et voilà ! Mais ma future belle-mère a insisté pour que je les accompagne, je tiens au terme « future » même si d'ici quelques heures, il sera caduc. « Il te faut une coiffure pour le grand jour. » « Et puis, ça va être sympa, un moment entre filles. » Sympa pour qui ?

Mme Lantenois, la patronne, ne sait plus où donner de la tête ! Elle court dans tous les sens, armée de son peigne qu'elle a laissé tomber à deux reprises, signe manifeste de stress. Elle fait son maximum pour satisfaire tout le monde, les clientes, mais aussi ses employées qui semblent déjà au bout du rouleau. Est-ce qu'à la fin de la journée les coiffeuses comptent leurs bigoudis comme d'autres leurs pas ?

Sylviane a tenu à ce que sa cour se fasse coiffer au même endroit qu'elle. Sa meilleure amie, sa mère, ses tantes, sa grand-mère et même une arrière-grand-mère. Je me demande s'ils ne l'ont pas ressortie de sous terre pour l'occasion ! Autant de personnes qui ne représentent rien pour moi et me font sentir étrangère au mariage de mon père. Mais qui cela peut-il bien intéresser ? Certainement pas ces femmes en admiration devant la chair de leur chair.

— Qu'est-ce qu'elle est jolie ! On dirait une petite mariée, comme sa maman ! s'extasie une des tantes dont j'ai oublié le prénom.

Ou peut-être n'ai-je rien fait pour le retenir. Un moyen de faire comme si tout ceci n'existait pas.

Lauriane, ravie, tourne sur elle-même pour montrer son chignon à l'assemblée. Ma future demi-sœur aime être le centre de l'attention. Je ne sais pas ce qui me retient de tirer sur cette boule de cheveux de toutes mes forces pour lui passer l'envie d'afficher ce sourire stupide !

— Mais oui, c'est vrai ! approuve Sylviane non sans fierté, avant de poursuivre sur le ton du regret, dommage que Raphaëlle n'ait pas voulu jouer le jeu...

Par miracle, j'ai réussi à échapper à la coiffure imposée. J'aurais eu l'impression de me déguiser pour une pièce de théâtre ! Une tragédie.

— Mais il est encore temps qu'elle change d'avis…

« Elle » fait semblant de ne pas entendre et feint d'être absorbée par la lecture d'un magazine. Je déteste quand les adultes font ça, parler de vous comme si vous n'étiez pas là. Pourquoi faut-il que je sois coincée ici plutôt qu'à la salle des fêtes avec papa ? J'aurais aimé qu'on passe un peu de temps ensemble, l'avoir encore un peu pour moi.

— Ça aurait été tellement mignon pour les photos ! se désole à son tour tante numéro deux.

Une obligation à laquelle je n'ai malheureusement pas réussi à me soustraire. Qu'ils ne comptent pas sur moi pour prendre des poses ridicules.

Je tourne les pages sans vraiment les voir, une façon de m'échapper, de ne pas penser, quand mon regard s'arrête sur un article : « Une *success story* au féminin ». La femme en photo détonne à côté de mes voisines sous leur casque chauffant. Sa manière de se tenir, son élégance, son assurance. Elle semble vouloir me dire : « Il y a une autre vie pour toi. » Pour la première fois de la matinée, j'entrevois une lueur d'espoir. Je me lance sans perdre une minute dans la lecture de cette interview.

Lorsque la coiffeuse m'installe enfin sur mon siège, je sais ce que je veux faire quand je serai grande : je veux être Catherine Lambert. Évidemment, ce n'est pas possible dans la mesure où ce « rôle » est déjà pris par la principale intéressée, Catherine Lambert elle-même.

Je veux devenir une femme importante et respectée qui portera des tailleurs griffés accessoirisés de sacs de marque... et qui habitera loin, très loin, de Millepertuis. En regardant ma sacoche élimée, pâle imitation du célèbre modèle *US Army*, gisant sur le sol au milieu de mèches de cheveux qui ne sont pas les miennes, je mesure le chemin à parcourir. Qu'importe, je suis déterminée et le reste n'a plus d'importance.

# PREMIÈRE PARTIE

# LE RÔLE DE MA VIE

# Chapitre 1

## *Girl power*

5 h 29. J'ouvre les yeux juste à temps pour éteindre l'alarme de mon téléphone avant qu'il ne sonne. Je cherche à tâtons l'interrupteur de la lampe de chevet. En hiver, je me réveille bien avant l'astre du jour. Je pose mes pieds sur le sol, m'étire quelques instants, je suis prête à attaquer cette nouvelle journée. Je me dirige vers la cuisine où je prépare un verre d'eau citronnée que j'avale à la paille afin de ne pas abîmer l'émail de mes dents. J'enfile ensuite un legging et une brassière en laissant échapper un bâillement, mon corps a besoin d'un peu de temps pour s'accorder avec mon cerveau. Je rassemble mes cheveux au-dessus de ma tête à l'aide d'un élastique tout en cherchant sur mon ordinateur une vidéo, elles sont classées par thème et durée. Au programme aujourd'hui, renforcement musculaire, sans sauts. C'est ma voisine qui va être contente. Je déroule mon tapis de yoga et lance le troisième épisode du podcast passionnant sur l'art qui m'accompagne cette semaine.

Gym matinale, faite. Faire partie du 5AM Club – « ceux qui se lèvent tôt », en français – est un choix de vie. Je mentirais si je disais que les premiers matins n'ont pas été difficiles, mais on s'habitue vite, en une vingtaine de jours à peine. C'est une question de discipline et de motivation. Ce n'est pas un hasard si nombre de dirigeants d'entreprise, de politiques et même de people s'y sont mis ! Depuis que j'ai adopté cette routine, je suis en meilleure forme, j'arrive au bureau prête à soulever des montagnes, et surtout, je peux prendre du temps pour moi. Lire, écouter une émission à la radio, noter des inspirations dans un carnet, parcourir mon fil d'actualité Instagram en buvant mon thé matcha. Ce réseau est une véritable source d'inspiration. Je *like*, je commente, je prends aussi mon *shoot* de satisfaction narcissique. Mon post d'hier a généré cent quatre-vingt-deux « J'aime » et trente-quatre commentaires, pas mal. « Magnifique ! », « Tu vas toujours dans des endroits superbes, je suis jalouse », « Tu es superbe ! », de Jean-Paul69, que je ne connais pas et que je ne souhaite pas connaître. « Trop belle ta robe ! C'est quelle marque ? », « J'adore ton job ! ». Moi aussi j'adore mon job, je ferais d'ailleurs mieux de m'activer si je ne veux pas être en retard.

Après quinze minutes d'un protocole minutieusement étudié, mes cheveux sont lissés. Aujourd'hui je choisis de les attacher en une queue-de-cheval haute. J'applique ensuite mon rouge à lèvres, un « cosy sexy » qui fait ressortir mes yeux noisette, touche finale de ma préparation, puis je lis à voix haute les post-it disposés autour du miroir de la salle de bains : « Le monde appartient à ceux qui se lèvent tôt »,

« Quand on veut, on peut », « *No pain, no gain** », « *Sky is the limit*** ».

Le bruit de mes talons qui claquent sur le sol en marbre du grand hall d'entrée est mon métronome, il m'assure que je joue la bonne partition. D'un pas déterminé, j'avance dans mon pantalon *carrot* noir, ma chemise blanche légèrement *oversize* et mon nouveau trench-coat, indispensable en ce mois de mars particulièrement pluvieux. Je salue l'hôtesse d'accueil, qui me répond avec un sourire me rappelant les publicités Email Diamant de mon enfance. J'ai eu beau tester, je n'ai jamais obtenu le même résultat. Je scanne mon badge, passe le portillon et accélère pour m'engouffrer dans l'ascenseur avant que les portes ne se referment.

— Bonjour. Vous descendez à quel étage ? interroge le costume-cravate qui se tient face à moi en levant à peine les yeux de son téléphone.

— Bonjour. Septième, merci.

Plusieurs sociétés se partagent le bâtiment, les gens se croisent, mais ne se connaissent pas forcément, les échanges se limitent au minimum. Simple civilité d'entreprise.

Je passe mes journées dans une tour de verre. Non pas à attendre qu'un prince charmant vienne me délivrer – il faudrait qu'il soit sacrément endurant pour parvenir à me suivre – mais à raconter des histoires. J'ai décroché le Graal, un CDI chez Uneco, acteur majeur de l'industrie agroalimentaire.

---

* On n'a rien sans rien.

** Le ciel est la limite.

Lorsque j'arrive, le plateau est encore désert, le calme avant la tempête. Je consulte mon agenda électronique, j'ai une petite heure devant moi pour traiter les quatre-vingt-trois messages qui patientent dans ma boîte mail. Légèrement ambitieux.

— On change de traiteur ! Des samoussas aux épinards pour le gala, est-ce qu'ils ont perdu la tête !

Il ne s'agit pas d'une question de ma supérieure malgré la tournure interrogative, ce qu'a par ailleurs très bien compris Mélanie, qui s'empresse de prendre des notes dans son bloc. Depuis deux heures, nous passons méticuleusement en revue les différents points d'organisation du gala annuel afin que rien ne soit laissé au hasard. Les réunions en présentiel, comme celle-ci, ou sur Teams avec les collaborateurs répartis aux quatre coins du globe – expression étrange quand on sait que la Terre est ronde –, représentent une majeure partie de mon quotidien. Je devrais les ajouter à la rubrique « Compétences » de mon CV.

— D'accord, Valérie, acquiesce mollement ma jeune collègue.

— Pourquoi ne pas servir des roulés saucisses aux actionnaires et à nos principaux clients tant qu'on y est ! rétorque ma boss sarcastique.

Dans la grande histoire que nous écrivons, chaque détail compte. Notre rôle est d'asseoir la notoriété d'Uneco, d'en faire la marque la plus désirable du marché. J'ai la chance de travailler pour Valérie Delobel, une femme inspirante auprès de laquelle j'apprends beaucoup. Le plus gros « *event* » de l'année a lieu dans trois semaines, inutile de préciser que nous n'avons pas le droit à l'erreur. Cent cinquante invités triés sur le volet : le gratin. Pas aux épinards, de toute évidence.

— La question du traiteur étant réglée... ou non, justement, passons à la scénographie. Raphaëlle, dis-moi que l'agence a enfin compris notre brief ! implore ma supérieure comme si sa vie en dépendait.

Elle a à peine le temps de terminer sa phrase que les images 3D de ma présentation s'affichent sur l'écran géant qui recouvre le mur. Chez Uneco, on ne fait pas les choses à moitié : équipements high-tech, mobilier design et ergonomique, vue panoramique et même une salle de jeux, bien que je ne voie pas qui pourrait avoir le temps de s'amuser ici. Les légers hochements de tête m'indiquent que ce qu'elle voit lui plaît. Avec les années, j'ai appris à décoder le langage corporel de ma cheffe.

— Tout m'a l'air en place...

Je me félicite d'avoir fait quelques heures supplémentaires cette semaine. Mon statut de célibataire me dispense de rentrer à la maison à heure fixe pour m'occuper d'enfants que je n'ai pas. Pour autant, je ne me prive pas d'avoir une vie sentimentale, cependant elle est à mon image : à la carte. Des histoires sans attache, au gré de mes envies. Je ne prends que le meilleur sans m'encombrer du quotidien. De contraintes. Il n'y a toutefois aucun malentendu avec ces hommes de passage, je suis transparente à ce sujet sur Affiniclick, l'appli de rencontre. J'aime la liberté que me confère le mode de vie que je me suis choisi.

— ... En revanche, tu leur demandes de remonter le logo. Je n'imagine pas de quoi on aura l'air si la tête de Charles Klein se retrouve à faire office du « o » d'Uneco !

Effectivement, notre charte graphique indique clairement que rien ne doit interférer avec le logo. Pas même le visage du PDG.

— C'est comme si c'était fait !

— Et j'oubliais, Laurent Mazet est allergique aux lys… Tu peux contacter le scénographe floral pour le prévenir, je n'ai pas envie d'avoir à gérer une crise d'éternuements de notre nouveau directeur financier.

Et moi, je n'ai pas envie d'avoir à gérer une crise de ma boss.

— C'est noté, Valérie.

L'organisation du gala n'est pas ce qui me passionne le plus. Même si le budget est astronomique, le cadre toujours exceptionnel et le tout assurément grandiose, chaque édition est plus ou moins une redite de la précédente, en mieux. C'est mon troisième gala et j'ai l'impression d'avoir fait le tour de la question, j'aspire à présent à d'autres défis. J'ai candidaté en interne pour le poste de e-business manager, une expérience qui me permettra de donner un nouvel élan à ma carrière et de mettre en pratique les connaissances acquises au cours de mon master. Je me vois déjà animer des réunions comme celle-ci.

C'est maintenant au tour d'Anthony de faire le point sur les intervenants. Le groupe invite chaque année des *guest speakers*, des sommités dans leur domaine, qui ont l'extrême gentillesse – moyennant quelques petits arrangements tenus secrets – de venir partager leur savoir-faire dans le but d'inspirer et de galvaniser les troupes.

Comme à son habitude, mon collègue fait son show, ce qui a pour effet de m'agacer instantanément. Je me demande ce que Valérie lui trouve. Pour moi, ce mec n'est que de l'esbroufe. Pour me calmer, j'essaie de le visualiser en train de faire sa présentation en string léopard et Crocs aux pieds. Il a tout de suite l'air moins malin.

— Raphaëlle !

Le ton impatient de ma boss m'indique que les Crocs m'ont emmenée loin.

— Oui, pardon. Tu disais ?

— Ce n'est pas le moment d'être ailleurs !

Furtif sourire narquois d'Anthony qui ne m'a pas échappé.

— Je disais..., poursuit Valérie, tu as vérifié avec Grégory Levant ? Il n'y a vraiment aucune chance pour qu'il vienne faire une apparition ?

Aucune chance. C'est mort. Je dirais même qu'il y a plus de chances de voir ressusciter Louis XIV.

— Non, il n'est malheureusement pas disponible...

D'un autre côté, je ne vois pas ce que la star du tennis viendrait faire à notre gala annuel.

— Dommage..., commente Valérie, visiblement déçue, en commençant à rassembler ses affaires.

Je sens que cette histoire va finir par me retomber dessus.

## Chapitre 2

## Ticket gagnant

— Tu voulais me voir ? je demande pour la forme.

Son « Je dois absolument te voir !!! » laissait peu de place au doute.

— Oui, entre s'il te plaît, mais avant de commencer, il me faut une tasse de matcha ! annonce Valérie en se levant pour aller préparer son précieux breuvage, alors que je m'assieds sur l'une des deux chaises design face à son grand bureau.

Ma boss a arrêté la caféine il y a des années, trop mauvais pour la santé. Depuis, elle ne boit que ce thé vert dont les bienfaits ne sont plus à prouver. Comme dans les hôtels chics, Valérie dispose de sa bouilloire personnelle. Être cheffe donne certaines prérogatives.

— Ce gala va me rendre folle ! Devine ce qu'Alain me demande à deux semaines de la soirée.

Je n'en ai pas la moindre idée, mais quelque chose me dit que je ne vais pas tarder à le savoir.

— Maintenant, il veut une pièce montée avec le logo en chocolat ! On s'était pourtant mis d'accord sur le dessert. Il ne peut pas changer d'avis comme de chemise Ralph Lauren !

Je ne peux qu'acquiescer. Alain Caron est le *Vice President Marketing** et, à ce titre, siège au comité de direction. À force de tutoyer les sommets, il lui arrive d'être déconnecté de la réalité, ce qui peut rendre notre travail compliqué.

— Est-ce que tu peux contacter ce super pâtissier que tu nous avais déniché pour la dernière convention annuelle ?

Un artisan que j'avais découvert par hasard en allant m'acheter un éclair au chocolat après une journée particulièrement longue. Valérie, d'abord frileuse à l'idée de ne pas faire appel à une grande maison, avait fini par me faire confiance. Son gâteau avait fait sensation.

— Bien sûr...

— Parfait, je suis rassurée si c'est toi qui t'en charges !

Me voilà donc officiellement responsable du dessert du gala, le plus gros événement de l'année, ce qui ne me met absolument pas la pression. Respire, si elle te confie cette tâche, c'est que tu en es capable.

— Mélanie serait fichue de me commander une pyramide de choux fourrés aux épinards !

— Je m'en occupe, je confirme, déjà consciente que je ne pourrai jamais y arriver sans travailler ce week-end, les journées ne comptant que vingt-quatre heures.

— Quelque chose de sobre et élégant, comme tu sais faire.

---

* Directeur marketing groupe.

Victime de mon succès. Je devrais peut-être essayer de mal faire mon boulot une fois pour voir.

— Et, bien entendu, qui mette en avant les valeurs de la société…

On parle toujours d'une pièce montée ?

— C'est noté.

— Merci, tu es une perle ! Il faut que je booke une séance chez Anastasia de toute urgence, autrement je ne vais pas tenir, poursuit ma boss dans un soupir en portant sa tasse fumante « *Be grateful* » à ses lèvres. Tu es allée la voir ?

Anastasia est réflexologue, Valérie m'a donné ses coordonnées à l'automne dernier lorsque j'ai eu un petit coup de fatigue, probablement lié au changement de saison. Je ne doute pas de ses qualités, cependant je n'éprouve pas le besoin d'aller me confier à une inconnue.

— Je n'en ai pas encore eu l'occasion, mais je garde sa carte précieusement…

— Elle fait des miracles !

Dans ce cas, je devrais peut-être songer à la consulter avant le 28 mars. Elle peut hypnotiser des personnes à distance afin qu'elles annulent leur anniversaire et que vous ne soyez pas obligé d'y aller ?

— Et Victor-Emmanuel qui s'y met aussi. C'est à croire qu'ils se sont tous passé le mot ! se lamente Valérie. Il veut qu'on parte à Zermatt avec les Leroy pour les vacances !

Victor-Emmanuel est le mari de Valérie, ils sont mariés depuis dix ans. Il est son âme sœur, son roc, il s'occupe des enfants, cuisine également, bref, la perle rare. Et Jean Leroy, un de ses amis, ils étaient dans la même promo à l'école de commerce.

— Je le savais, j'aurais dû réserver pour que ce soit réglé ! Après, ce n'est pas comme si je n'avais rien d'autre à faire...

Valérie parle beaucoup d'elle, de ses tracas quotidiens, il ne faut pas être pressé quand on vient la voir pour une question, mais c'est une super boss. Une personne inspirante qui vous tire vers le haut, une femme qui soutient les autres femmes. Elle me répète souvent que j'irai loin.

— Un chalet avec spa et piscine, tu parles ! Pour que leur progéniture mette du bain moussant dans le jacuzzi comme la dernière fois, et qu'il soit hors service pour toute la durée du séjour, merci bien !

Elle préfère voir les Leroy avec parcimonie, surtout leurs enfants qui sont, je cite « mal élevés ». À force de connaître autant de détails de sa vie privée, j'ai parfois l'impression d'être sa *personal assistant*.

— Du ski à Pâques ? Tu peux m'expliquer pourquoi j'irais me geler les fesses sur un télésiège au mois d'avril ?

Je ne peux rien expliquer, je ne suis jamais allée aux sports d'hiver. Trop cher.

— J'ai besoin de soleil, de vitamine D. Après le gala, je n'aurai qu'une envie, me poser au club à Maurice !

Comprendre : l'île Maurice. Si je devais choisir, la balance pencherait également du côté des cocotiers, cependant, en ce qui me concerne, la question n'est pas d'actualité puisque je prends mes congés en dehors des périodes de vacances scolaires. J'aimerais demander à Valérie si elle a des nouvelles au sujet de ma candidature, je guette le moment opportun pour le faire, lorsque la tension causée par les Leroy sera retombée.

— Il est 16 heures ! s'exclame ma cheffe en recevant une notification sur son ordinateur.

Comprendre : elle est attendue ailleurs. Et aussi que c'est raté pour le point sur ma future carrière.

— Je dois voir Jean-Charles…

Jean-Charles Messager est un brun ténébreux, cousin éloigné de King Kong. Il est par ailleurs responsable de la division Boissons qui vient de lancer un nouveau produit sur le marché, un vin pétillant sans alcool dont le groupe espère beaucoup. Des bulles pour faire la fête autrement.

— Il patientera cinq minutes…

Lueur d'espoir, elle a peut-être eu des nouvelles des ressources humaines, finalement ?

— Je suis invitée à la soirée d'inauguration de l'hôtel Adam…

De courte durée.

— … mais Eden fait ses dents, il souffre, le pauvre chéri, je préfère ne pas le laisser avec une nounou. Si tu voyais mes nuits en ce moment, entre lui et son grand frère qui est dans sa période cauchemars ! Je dois me mettre à quatre pattes tous les soirs pour vérifier qu'il n'y a pas un monstre sous son lit, l'horreur !

Je hoche la tête en signe de compassion. Dormir six heures par nuit pour avoir plus de temps pour moi le matin, d'accord, mais pour chercher un monstre dont je sais pertinemment qu'il n'existe pas, non merci.

— Et Victor-Em' ne peut malheureusement pas se libérer, il a un dîner d'affaires… J'aimerais vraiment que quelqu'un soit là pour représenter le service si nous voulons avoir nos entrées. Bref, devine qui est la chanceuse qui va boire du champagne et manger des petits fours pendant que d'autres seront dans la purée de brocolis ?

J'en déduis que je suis l'heureuse gagnante.

— Merci d'avoir pensé à moi, je réponds, consciente qu'il faut savoir saisir les opportunités.

— Je t'en prie… Et ne me cherche pas après ma réunion, poursuit Valérie plus bas, comme si on pouvait nous entendre dans son bureau fermé, je me suis calé un drainage lymphatique, mes jambes pèsent une tonne chacune ! Profite de ta soirée… et, si je peux te donner un conseil, reste célibataire !

En retournant à mon poste, je songe qu'un drainage lymphatique ne m'aurait pas fait de mal après cette journée chargée. Je dresse mentalement la liste de toutes les choses que ce changement d'emploi du temps entraîne. Repasser à l'appartement pour me changer. Réserver un taxi, je ne vais pas courir dans les couloirs du métro perchée sur des escarpins. Et je dois vite annoncer la nouvelle à Mathilde.

RAPHAËLLE

Hello.

MATHILDE

Salut. J'allais t'écrire. On se fait un apéro planche avant le ciné ?

RAPHAËLLE

J'ai un contretemps… une invitation de dernière minute pour le boulot…

MATHILDE

Tu m'as déjà fait le coup il y a deux semaines !

RAPHAËLLE

Je sais. Désolééééééé. Mais c'est une invitation qui ne se refuse pas…

MATHILDE

Tu as toujours une très bonne excuse.

RAPHAËLLE

On n'a qu'à se faire la dernière séance ?

MATHILDE

Raph', je te connais, tu vas rester parce qu'il y aura untel ou unetelle que tu dois absolument rencontrer, et moi, je vais me faire la dernière séance seule dans une salle vide. Carrément glauque.

RAPHAËLLE

C'est une éventualité.

MATHILDE

On remet le ciné à une prochaine fois, mais tu devrais lever le pied, tu travailles trop !

RAPHAËLLE

Ça fait des années que j'attends ce moment.

MATHILDE

Et qu'est-ce qui se passera quand tu auras eu cette promotion ? Tu bosseras encore plus !

RAPHAËLLE

Je dois te laisser, j'ai une réunion qui commence. On se voit très vite.

MATHILDE

Ça ne dépend pas de moi. ;)

J'ai conscience que ce n'est pas très sympa de la planter au dernier moment, mais Mathilde est la personne qui me connaît le mieux, elle sait à quel point c'est important pour moi. Des soirées cinéma, il y en aura d'autres.

# Chapitre 3

## *What else ?*

Ce matin, Alain Caron s'est invité à notre réunion d'équipe, il tient à s'assurer personnellement que tout est sous contrôle pour le gala. Anthony s'est empressé de s'asseoir à côté de lui. #grosfayot. Valérie excelle dans son rôle de cheffe d'orchestre. Je suppose que l'aisance vient avec l'expérience, j'observe, j'apprends. Alain l'écoute en tirant sur sa cigarette électronique. Personne n'ose dire au *big boss*, qui est si fier de déclamer qu'il a arrêté le tabac il y a trois mois, que la fumée de sa vapoteuse arôme *Irish Coffee* dérange. Ma collègue Mélanie, installée à l'autre bout de la pièce, ose à peine respirer. À cause de la fumée ? Personnellement, je me dis que c'est l'occasion de montrer en haut lieu mon professionnalisme. J'ai choisi ma tenue avec attention : chemisier en soie écru, jupe crayon noire et escarpins. Mon N+2 a la réputation d'apprécier les femmes élégantes.

J'ai beau m'entraîner, j'ai toujours une appréhension au moment de prendre la parole en public. En plus, aujourd'hui, c'est moi qui ouvre le bal. Je respire, je me conditionne mentalement : « *You can do it,* Raphaëlle ! »

Je déroule ma présentation en m'efforçant d'être précise et concise, je reste concentrée sur les hochements de tête d'encouragement de Valérie plutôt que sur Alain Caron qui reluque mes jambes.

— Bien..., commente le grand chef lorsque j'ai terminé, mais ajoutez-moi un ou deux kakémonos dans le hall d'accueil, je veux que nos invités sachent qu'ils sont chez Uneco, qu'ils soient d'emblée dans l'ambiance !

Kakémono... Honnêtement qui a inventé ce nom ? « Maman, comment tu m'as fait ? J'suis pas beau*. » Pas la peine de se plier en quatre pour lui proposer les dernières tendances en matière de scénographie, monsieur veut des roll-ups ! Et pas un mot sur la pièce montée ! Il ne se rend pas compte de tout le travail que son caprice sucré a généré. L'année prochaine, c'est petits fours Picard pour tout le monde !

— Puisque vous êtes debout, Raphaëlle, m'interpelle-t-il alors que je m'apprête à regagner ma place, agacée, vous pouvez servir le café. Merci.

Je me demande ce qui me choque le plus : cette requête terriblement machiste ou le naturel avec lequel il l'a énoncée ? Mon N+2 doit de toute évidence penser que je suis Nespresso Manager. Il faut vivre avec son temps, Alain, aujourd'hui même George et Brad** font leur café tout seuls ! #anachronisme. Allez, Raphaëlle, ne te laisse pas démonter, songe à Catherine qui a dû en

* « Allô maman bobo », Alain Souchon.
** George Clooney et Brad Pitt.

entendre d'autres. Je me compose un sourire de circonstance et jette un regard discret à Valérie, comme pour lui signifier : « Notre peuple vaincra… un jour », mais son attention est toute dirigée vers Anthony qui se lève à présent pour me succéder.

— Stéphane Delachaux ne tarit pas d'éloges à votre sujet ! lance le *vice president* alors que je remplis les tasses en pensant à ma future promotion.

Ne pas faire de vagues.

Cette remarque ne s'adresse évidemment pas à moi ni à ma parfaite maîtrise de l'art de servir le café, mais à mon collègue qui jouit de son moment de gloire. Stéphane Delachaux est un de nos *guest speakers* et la mère d'Anthony, une éminente chirurgienne-dentiste de la capitale, assure la bonne santé buccale de sa famille depuis des années. Des mauvaises langues pourraient dire que son jugement n'est peut-être pas totalement objectif.

— Il semble effectivement satisfait de mes services ! réplique Anthony sans une once de modestie.

— Continuez comme ça, vous êtes sur la bonne voie !

La voie de sa maman ! Suivez le cordon ombilical.

— Merci, Alain.

Trente minutes de monologue, je sature. #vousavezatteintlalimitedevotreforfait. J'espère que je suis la seule à entendre les bruits qui émanent de mon ventre, mon müesli au yaourt de brebis est déjà loin. J'aurais fait la même présentation en un quart d'heure, en enlevant les « Alain » à chaque début de phrase ! Anthony Morvan est un petit morveux aux dents longues qui rayent le parquet de la salle de réunion.

Il est 13 heures quand je rejoins Brune et Agathe dans une de nos cantines du quartier. La première travaille aux ressources humaines, la seconde au département Fusions Acquisitions, nous avons fait connaissance lors de la journée d'intégration. Elles sont dynamiques, drôles, avec elles on ne s'ennuie pas, nous avons tout de suite accroché.

— Enfin ! s'exclame Brune.

— On dirait que tu n'as pas dormi depuis dix jours ! enchaîne Agathe, impeccable dans sa robe pull grise en cachemire que je devine nouvelle.

On peut toujours compter sur ses copines pour être sincères.

— Salut, les filles...

— Désolée, on ne t'a pas attendue, j'ai un entretien de recrutement dans une demi-heure, s'excuse Brune en désignant ses perles du Japon.

— Vous avez bien fait de commencer sans moi. On n'interrompt pas Alain Caron, vous connaissez la chanson ! je réponds en plongeant ma fourchette dans mon poke bowl saumon, j'ai besoin de protéines.

— Qui est partante pour un brunch dimanche ? propose Agathe. Avec cette météo maussade, je n'ai aucune envie de passer la journée à déprimer dans mon appart !

Il nous arrive régulièrement de nous retrouver en dehors du bureau, pour essayer de nouvelles adresses, aller voir une expo, une pièce de théâtre. Elles sont toujours au courant des sorties à ne pas manquer.

— Pas moi... Devinez où Louis m'emmène ce week-end, nous nargue Brune.

— À Deauville, déguster un plateau de fruits de mer ?

— Trop banal !

Brune balaye ma proposition d'un signe de la main. Personnellement, ce programme m'aurait plu.

— Il m'emmène à Rome pour nos six mois. J'ai vu l'hôtel, il y a un spa dément, et Louis a réservé une suite avec terrasse, j'en rêve.

Je me demande ce qu'il lui offrira pour leur un an. Je n'ai pas encore eu l'occasion de le rencontrer, mais ce Louis doit être très amoureux de Brune. Ou juste riche.

— Je veux moi aussi un Louis, se lamente Agathe, un mec qui me sort le grand jeu ! Qui vient mettre des paillettes dans ma vie ! Le candidat est tout trouvé... Raphaëlle, quand est-ce que tu me donnes le 06 de ton cousin ?

— C'est un +44, je te rappelle qu'il habite en Angleterre !

*Lucky me** !

— Ça ne me dérange pas, la boîte me paye un forfait international ! Allez, s'il te plaît, organise un pot la prochaine fois qu'il sera...

— Regardez la nouvelle assistante de Jean-Charles ! la coupe Brune. Elle sort d'où habillée comme ça ?

— Probablement d'une ferme ! raille Agathe à son tour.

Je doute qu'Agathe ait déjà mis les pieds dans une ferme. Sophie Rocher – un mémo interne a annoncé son arrivée la semaine dernière – porte une longue robe fleurie et des bottes en daim marron, une tenue plutôt jolie même si je ne la mettrais pas au bureau.

---

* Heureusement pour moi.

— J'espère qu'il n'a pas prévu de l'emmener sur les salons !

Agathe et Brune sont sympas... avec les personnes qu'elles apprécient. J'éprouve de la compassion pour cette pauvre Sophie qui n'a rien demandé, et qui vient chercher un déjeuner à emporter qu'elle avalera probablement sur le pouce devant son écran d'ordinateur.

— Tu as des *news* concernant le processus de recrutement ? je demande à Brune, l'air de rien, changeant de sujet au passage.

Inutile de préciser de quel poste je parle, elles savent toutes les deux que je mise beaucoup sur cette promotion.

— Non, ce n'est pas moi qui m'occupe du dossier... et puis ça ne fait que deux semaines, sois un peu patiente.

— Je sais, mais je me disais que tu avais peut-être entendu quelque chose...

Un bip de mon téléphone m'indique que j'ai reçu un texto, je me crispe en lisant le nom de l'expéditeur. Je n'ai pas besoin de l'ouvrir pour savoir de quoi il retourne. En revanche, il va falloir que je réponde, la technique de l'autruche est une solution à court terme.

— Je vais devoir y aller, annonce Brune en se levant, mon candidat doit être arrivé...

— Partez devant, je termine de déjeuner tranquillement.

À vrai dire, je n'ai plus très faim. Je prends une profonde inspiration, je suis une adulte, je peux gérer ce genre de situation.

PAPA
Je sais que tu es très occupée mais Sylviane me dit que tu n'as toujours pas répondu à son invitation. Nous espérons t'avoir parmi nous le 28 mars. Merci de nous confirmer ta présence pour pouvoir passer la commande chez le traiteur. Bonne journée. Papa

La rapporteuse ! Et quelle différence cela peut-il faire pour le traiteur ? Comme si j'allais manger comme quatre ! Je pourrais peut-être inventer un déplacement… à Londres, pour voir mon cousin ? J'entends déjà Mathilde me dire que c'est une mauvaise idée. Et elle n'aurait probablement pas tort.

# Chapitre 4

## Mur porteuse

— Raphaëlle, tu dois aller aux soixante ans de Mme de Trémaine…

Très vite après le mariage, j'ai affublé ma belle-mère de ce surnom. Il faut reconnaître que les ressemblances étaient troublantes, non seulement elle me volait mon père et s'invitait dans ma maison mais en plus elle m'imposait son idiote de Javotte. Et Mathilde l'a naturellement repris, parce que c'est ce que les meilleures amies font.

— Même si c'est la dernière chose dont j'ai envie ?

— Cela n'entre malheureusement pas en ligne de compte.

— Alors le plan est de venir gâcher sa superbe fête ? j'interroge avec un sourire malicieux en attrapant mon verre.

— Non, l'idée est de faire plaisir à ton père.

Je me laisse retomber sur son canapé avec une moue boudeuse. Quand Mathilde m'a proposé une soirée cocooning chez elle, je n'ai pas hésité une seconde, je n'avais pas l'énergie pour sortir. J'ai acheté des sushis sur le chemin, elle s'est chargée du dessert, un travail d'équipe.

— Connaissant Sylviane, je parie qu'elle va avoir invité tout le village, autant de gens que je ne suis pas pressée de revoir...

— L'avantage est que tu n'auras pas à lui faire la conversation ! plaisante Mathilde, qui a le don de me faire voir le verre à moitié plein, même quand j'ai tout bu.

— Mat', je ne sais pas ce que je ferais sans toi...

— Eh bien, quand tu seras devenue une *Very Important Person*, tu penseras à moi et tu m'embaucheras comme conseillère particulière. Tout ceci est bien entendu purement intéressé !

— Je pourrais y aller accompagnée ! je m'exclame soudain, convaincue d'avoir trouvé la solution.

— Je suis à l'anniversaire de ma grand-mère ce week-end-là..., précise ma meilleure amie avec un air désolé.

— Je sais, je pensais à Jérémy.

— Pourquoi Jérémy ? s'étonne Mathilde.

— Avec lui, au moins, je suis certaine de ne pas m'emmerder !

— Tu ne crois pas qu'ils vont penser que vous êtes ensemble ?

— Ça pourrait être drôle. En plus, je suis sûre que Jérémy accepterait de jouer le jeu ! Tu n'as pas l'air convaincue, tu ne trouves pas qu'on formerait un couple crédible ?

J'ai rencontré Jérémy l'année dernière lors d'une conférence « Vos événements à l'heure du tout numérique ». Ils nous ont perdus au module « Comment organiser votre *Christmas Party* en ligne ? ». Même si Papa Noël n'existe pas, il y a certaines limites à ne pas franchir ! Nous avons passé deux jours assis au fond de la salle à rire des aberrations qu'on nous servait au nom du progrès, et quitte à jouer les mauvais élèves, nous avons également séché le dîner officiel. À la fin d'une soirée arrosée, chacun est rentré à son hôtel, il n'y a jamais eu d'ambiguïté entre nous, nous sommes juste amis. Je l'adore. J'ai fini par lui présenter Mathilde, qui était ravie de faire enfin connaissance avec une personne de mon univers professionnel. Habituellement, je ne mélange pas vie privée et travail.

— Fais comme tu veux, Raph', mais je ne pense pas que ce genre de mensonge puisse arranger ta relation avec ton père.

— Je crains d'avoir abandonné tout espoir de ce côté-là, je réponds, pensive, en contemplant le fond de mon verre vide.

— Je sais que cette situation te pèse…

— Tu me ressers ?

— Bien sûr…, répond Mathilde en se levant pour aller chercher la bouteille dans sa cuisine.

Elle est ma confidente depuis des années et connaît mon « historique » familial. Pour autant il y a certains sujets que je n'aime pas aborder, et elle sent quand il vaut mieux ne pas insister.

— Tu vas pouvoir souffler un peu ce week-end ? Je te trouve une petite mine.

— Je suis invitée au cocktail d'une marque de luxe partenaire de nos « bulles sans alcool » vendredi soir.

Je m'en serais passée, avec le gala qui empiète sur mon temps de sommeil.

— Si ce n'était que le gala..., commente Mathilde.

— Je sais que tu penses que je m'investis trop dans mon job, mais c'est maintenant que je dois le faire si je veux être un jour à la place de Valérie.

— J'espère seulement que tu investis au bon endroit...

— Qu'est-ce que tu veux dire ? je questionne, légèrement sur la défensive.

— Je trouve qu'elle te sollicite souvent pour la remplacer au pied levé pour des problèmes de logistique perso... et je doute qu'Alain Caron soit au courant de tout ce que tu accomplis en coulisse...

— Tu exagères, ce n'est pas si souvent et, en plus, ce sont chaque fois des opportunités de faire des choses que je ne ferais pas autrement. Ce n'est pas comme si elle me demandait de la représenter au repas des anciens de Millepertuis !

— Ça ne risque pas, elle ne doit même pas savoir où ça se situe ! rétorque ma meilleure amie, un brin ironique.

— Écoute, Mat', je sais que tu t'inquiètes à mon sujet mais rassure-toi, je gère, Valérie est consciente de tout ce que je fais pour la boîte. Et puis, Catherine veille sur moi ! j'ajoute pour la faire sourire.

— À sainte Catherine ! finit-elle par répondre en choquant son verre dans le mien.

— Quand est-ce qu'on trinquera à tes amours ? j'interroge pour la taquiner.

— Rien à signaler de ce côté-là...

Ma meilleure amie est une grande romantique, ascendant timide, ce qui donne un thème sentimental compliqué. Depuis Maxime, avec qui elle est restée deux ans, il n'y a eu personne, hormis un ou deux accidents de parcours, comme elle les qualifie, et quelques baisers de fins de soirées alcoolisées classés sans suite. La rupture remonte à trois ans. Et inutile de lui parler d'appli de rencontre pour l'entretien technique, Mathilde a besoin de sentiments.

— Allez, il n'y aurait pas un collègue mignon dont tu aurais oublié de me parler ?

— Non.

J'aurais pourtant parié la voir hésiter. Mathilde est conseillère d'orientation dans un collège, j'essaie de me rappeler si elle m'a parlé de quelqu'un en particulier récemment. Il y a le principal mais il approche de la cinquantaine.

— Dis, tu te verrais sortir avec un homme d'âge... mûr ?

Autant vérifier par acquit de conscience.

— Qu'est-ce que tu appelles « un homme d'âge mûr » ?

— Qui aurait vingt ans de plus que toi...

— Je ne sais pas... C'est quoi cette question ? Attends, j'ai compris, c'est ton prochain *date* ?

— Quoi ? Non, pas du tout !

— Mouais..., répond Mathilde, dubitative.

— Non, je t'assure, j'ai effectivement un rencard demain soir mais avec un mec de trente ans. Tu veux voir sa fiche ?

— Je te crois sur parole. En revanche, ce n'est pas ça qui va arranger ton déficit de sommeil.

— Quel que soit le programme, resto et plus si affinités, à 23 heures je veux être dans mon lit !

— Ce qui n'a rien de contradictoire si vous allez chez toi ! me charrie Mathilde.

Même si elle a parfois du mal à me comprendre, ma meilleure amie ne me juge pas. Comme chaque fois, être en sa compagnie me fait un bien fou. Les opposés s'attirent, c'est vrai en ce qui nous concerne. Sa douceur et son tempérament posé aident à apaiser mes tourments et mes doutes. Elle est mon socle, le seul vestige de mon passé qui tienne encore debout.

## Chapitre 5

## Ornithologie

Il était déjà là quand je suis arrivée dans ce café où nous nous sommes donné rendez-vous. Ponctuel, ça commençait bien. Il avait compris que j'étais une femme pressée. Les choses se sont gâtées lorsqu'il s'est présenté, c'est-à-dire très vite. « Jonathan », a-t-il annoncé avec assurance en me faisant la bise, et je ne sais pas pourquoi, j'ai aussitôt pensé à Jonathan le goéland. Depuis, je n'arrive pas à me défaire de cette image. Le pauvre est parti avec un handicap. C'est pourtant le prénom qu'il a mentionné sur l'appli, on ne peut pas dire que j'ai été prise au dépourvu. Les mystères du cerveau. Je crois que le mien beugue ces derniers temps. Pour être honnête, je regrette d'avoir accepté ce *date*, je ne suis pas d'humeur. On dit que l'appétit vient en mangeant, j'en doute. Je préférerais être au chaud sous ma couette avec un bol de soupe, devant un documentaire. *La Marche de l'empereur* ?

— Je peux te demander ton nom de famille ? je l'interromps alors qu'il tente de m'expliquer en quoi

Affiniclick est meilleur que le précédent site de rencontre qu'il utilisait.

Je ne serais pas aussi catégorique au vu de l'erreur manifeste de casting.

— Pourquoi ? demande-t-il, étonné.

Parce que, depuis tout à l'heure, j'ai Livingstone qui tourne en boucle dans ma tête et j'aimerais pouvoir passer à autre chose.

— Simple curiosité...

— Tu ne serais pas le genre de psychopathe qui s'accroche quand on dit qu'on ne souhaite pas donner suite ? plaisante-t-il en riant de sa blague.

Aucun risque que je m'accroche, il peut dormir tranquille. Je ne compte même pas rester pour le dîner.

— Ça ne m'est arrivé qu'une fois de *stalker* un mec..., je réponds avant d'avaler une gorgée de mon chardonnay.

Effet immédiat, il ne rigole plus. Je savoure.

— Je te fais marcher..., je finis par lâcher en riant à mon tour.

— Tu m'as fait flipper...

Tu m'étonnes, tu aurais vu ta tête !

— ... Je m'appelle Morin.

Jonathan Morin est volubile. Avantage : je peux me reposer et le laisser faire la conversation. À condition qu'elle soit intéressante. Ou, plutôt, qu'elle m'intéresse. Je ne doute pas que son curriculum vitae soit digne d'intérêt, mais pas du mien. J'espère qu'il n'y a pas de quiproquo et qu'il ne pense pas qu'il est en train de passer un entretien d'embauche, parce que je ne travaille pas dans les ressources humaines, ce qu'il saurait s'il s'intéressait un tant soit peu à moi.

Sur sa photo de profil, il ne portait pas ces lunettes. Je trouve que la forme n'est pas adaptée à son visage et je l'aurais plutôt vu avec une monture écaille, ou noire, plus charismatique que le métal.

— Tu as grandi à Paris ?

Tiens, il vient de se rappeler que je suis là.

— En région parisienne… Seine-et-Marne.

— La campagne m'angoisse ! Encore plus l'hiver avec la nuit noire…

Comme Ethan, le fils de Valérie, Jonathan a peur des monstres sous le lit ?

— … Je ne pourrais jamais y vivre !

Je note que toutes les occasions sont bonnes pour ramener la conversation à lui.

Faute de temps, et d'entrain aussi, j'ai accepté ce rendez-vous sans avoir vraiment échangé avec lui. Je paye aujourd'hui ce manque de rigueur. J'aurais pu profiter de la soirée pour écrire le compte rendu de la réunion avec l'agence, ou traiter quelques mails. Ce qui est fait n'est plus à faire. Les tâches annexes occupant une bonne partie de mes journées, il n'y a pas dix mille solutions pour que le travail se fasse… Non, Mathilde a raison, il n'y a pas que le boulot dans la vie, il faut que je pense à moi. Et certainement pas à un mec que je ne connais pas et avec qui il n'y aura pas de suite. Pas de *Marche de l'empereur 2*.

— Tu fais du sport ?

— De la gym tous les matins…

— En salle ?

— Non, chez moi.

— Ah oui…, commente-t-il d'un ton légèrement dédaigneux.

Je parie qu'il ne tiendrait même pas mes trente minutes de *cellulite burn* !

— Je fais du vélo, je m'entraîne tous les week-ends à Longchamp avec un groupe de potes et, en semaine, à la maison. Jeudi dernier, j'ai fait deux cols hors catégorie avec 2 500 mètres de dénivelé.

Je me demande ce qui, dans mon attitude, a pu lui faire penser que ça m'intéressait. Son deuxième prénom doit être Xanax. Jonathan Xanax Morin.

— Tu dois habiter à Montmartre pour avoir une telle pente ?

— Non, j'habite porte de la Muette, répond mon interlocuteur, qui n'a de toute évidence pas perçu mon sarcasme. J'ai investi dans un home-trainer Tacx, c'est génial ! Tu choisis une appli, moi j'ai pris Rouvy, tu fixes ton vélo dessus et hop, c'est parti…

Jonathan s'écoute parler, se gausse de ses propres exploits. Je ne serais pas étonnée qu'il sache voler, finalement. Je m'ennuie. Et mon temps est compté, mes heures de sommeil aussi.

— Je suis désolée mais je vais rentrer, je suis fatiguée.

— Quoi, si tôt ? On n'est pas obligés de manger, on peut aller directement chez moi si tu préfères…

— Ça ne va pas le faire.

— Qu'est-ce qui ne va pas le faire ? insiste Jonathan le Persévérant.

— Nous deux, nous n'irons jamais faire de vélo à Boulogne ou sur ton super engin.

J'espère qu'il comprend l'allusion.

Avec les applis, on ne gagne pas à tous les coups. Il arrive que les algorithmes fassent des erreurs, qu'ils s'emmêlent les formules. C'est le risque. J'attrape un stylo, mon carnet et m'installe confortablement dans mon canapé avec une tasse de thé. J'ai pour habitude de faire des portraits chinois de mes rendez-vous galants, je m'amuse parfois à les relire. Les questions varient selon les candidats, selon mon inspiration.

Si j'étais un jeu de société… le solitaire.
Si j'étais un des cinq sens… le sixième, la parole.
Si j'étais un animal… facile, un goéland.
Si j'étais une célébrité… Laurent Jalabert.
Si j'étais

Un bip m'informe que j'ai reçu un message. Dommage, je me sentais très inspirée ce soir.

JÉRÉMY
Tu as besoin d'une opération d'exfiltration ?
RAPHAËLLE
Ça ne sera pas nécessaire, je suis à la maison. ;)
JÉRÉMY
Laisse-moi deviner, il portait des chaussures moches ?

Je fais un blocage sur les pieds. Il m'est arrivé une fois de faire demi-tour parce que le type portait des mocassins avec des chaussettes de sport. Pour moi, c'est éliminatoire.

RAPHAËLLE

Je n'ai même pas eu le temps de pousser l'entretien jusque-là !

JÉRÉMY

Pauvre amoureux d'un soir éconduit, la vie est dure…

RAPHAËLLE

Pauvre de moi, surtout, qui ai dû écouter ses exploits pendant une heure !

JÉRÉMY

Je compatis ! Tu as des projets pour le week-end ?

Un bandeau s'affiche sur le haut de l'écran alors que je suis en train d'échanger avec Jérémy.

MATHILDE

Bonne ou mauvaise pioche ?

Mes amis ont l'habitude de mes rendez-vous foireux, ils vivent mes (més)aventures par procuration.

RAPHAËLLE - MATHILDE

Mauvaise, je suis rentrée.

MATHILDE - RAPHAËLLE

Pas trop déçue ?

RAPHAËLLE - MATHILDE

Non, je suis crevée…

JÉRÉMY - RAPHAËLLE

Allô ? Il y a quelqu'un ?

RAPHAËLLE - JÉRÉMY

Je suis avec Mathilde en même temps. ;)

RAPHAËLLE - MATHILDE

Je débriefe avec Jérémy…

JÉRÉMY - RAPHAËLLE

Ça fait longtemps qu'on ne s'est pas fait un truc tous les trois…

MATHILDE - RAPHAËLLE

Ah ok, je vous laisse. Passe-lui le bonjour.

RAPHAËLLE - MATHILDE

Je peux suivre deux conversations en même temps…

MATHILDE - RAPHAËLLE

J'étais en train de regarder ma série, je voulais juste vérifier que tu n'étais pas tombée sur un malade. On s'appelle ce week-end. Des bises.

RAPHAËLLE - MATHILDE

Bisous.

RAPHAËLLE - JÉRÉMY

Elle te passe le bonjour.

JÉRÉMY

Tu lui passes le mien…

RAPHAËLLE

Trop tard, elle est retournée à son brun ténébreux.

JÉRÉMY

Elle a un mec ?

RAPHAËLLE

Oui, il se nomme Ross Poldark et il habite en Cornouailles…

JÉRÉMY

???

RAPHAËLLE
C'est une série* !

J'adore faire marcher Jérémy. Cette fois, il a carrément couru. Nous échangeons encore un moment tous les deux avant que je ne mette fin à la conversation à 23 heures pour aller me consoler de mon rendez-vous raté dans les bras de Morphée.

* *Poldark.*

## Chapitre 6

## Cocktail Molotov

RAPHAËLLE

HELP ! J'ai des petits boutons sur tout le haut du corps. Heureusement, la tête est épargnée ! Tu as une idée de ce que ça pourrait être ?

J'envoie à Mathilde la photo prise un peu plus tôt en enfilant ma robe, j'ai eu un choc en me voyant dans le miroir de la salle de bains. Inutile de préciser que c'est moche. J'ai profité du trajet en taxi pour regarder sur Internet : allergie au soleil. Peu probable en plein mois de mars. Puces de lit. Je ne suis pourtant pas allée faire un tour dans le « nid » de Jonathan.

MATHILDE

Tu as eu la varicelle ?

RAPHAËLLE

Oui. Enfin, c'est ce qu'on m'a dit, j'avais trois ans alors ce n'est pas comme si je m'en souvenais.

MATHILDE
Qu'est-ce que tu as mangé ce midi ?
RAPHAËLLE
Un müesli devant mon ordinateur.
MATHILDE
Ce n'est pas un repas.
RAPHAËLLE
C'est mieux que rien.
MATHILDE
Tu devrais aller consulter un médecin, il ne faut pas rester avec ça.
RAPHAËLLE
Pas le temps. Je dois te laisser, le devoir m'appelle.
MATHILDE
Raph', ça n'est pas anodin…

Je suis invitée au cocktail d'une marque de luxe dans un grand hôtel, une soirée ultra-confidentielle à laquelle je n'aurais jamais été conviée si je ne travaillais pas chez Uneco. Nous avons signé un partenariat exclusif avec notre vin pétillant sans alcool pour leurs événements.

Installée à un mange-debout, je photographie ma coupe en cristal, la tour Eiffel qui scintille en arrière-plan, et poste ma première story de la soirée en prenant soin de taguer notre produit, notre client et d'indiquer le lieu prestigieux dans lequel j'ai la chance de me trouver. Réactions immédiates, je fais des envieux. Les notifications fusent sur mon écran, alors que je déguste ma boisson festive en solitaire. J'ai toujours cette impression désagréable de ne pas être à ma place dans ce genre d'assemblée, de ne pas avoir tous les codes… qui ne sont assurément pas ceux de Millepertuis. Et ma jolie robe n'y change rien.

Je ne me sens pas l'énergie d'être en représentation aujourd'hui. Je crois que la fatigue commence à s'accumuler à l'approche du gala. J'aimerais pouvoir hiberner comme certains animaux. Et je suppose que ces affreux boutons n'aident pas. Même si personne ne peut les voir, je sais qu'ils sont là. J'aperçois Valérie qui déambule avec assurance de table en table, sa coupe à la main. J'ignore comment elle parvient à tenir le rythme avec deux enfants en bas âge. Les vertus du thé matcha ?

Allez, Raphaëlle, il est temps de te mettre au boulot ! Je scanne les invités à la recherche d'un visage familier, une bouée à laquelle me raccrocher. Jean-Charles Messager en pleine opération promotion de son dernier bébé. Je préférerais quelqu'un qui n'est pas de la boîte, l'idée étant de créer du lien professionnel. Une fille croisée lors d'un vernissage et dont j'ai oublié le nom. Bof. Le directeur d'une célèbre agence de pub parisienne, non merci. Il a la réputation d'être coureur. Je me fige soudain, regarde à deux fois. Je crois que le Champomy pour adultes est en train de me monter à la tête. Vu l'attroupement, peut-être pas. J'arrête un serveur pour attraper une flûte de champagne. J'espère que Jean-Charles ne s'apercevra pas de cette infidélité, nous sommes censés montrer l'exemple. Mais pour l'heure, il y a plus grave. Je vide la moitié de ma flûte d'un trait. Qu'est-ce qu'il fait là ? Il n'est pas supposé se trouver de l'autre côté de la Manche, une raquette à la main, des tennis blanches aux pieds et des chaussettes à mi-mollet ? Force est de reconnaître que le costume lui va bien aussi. Probablement un fait sur mesure. Ce n'est qu'une question de temps avant que Valérie le remarque elle aussi, la salle n'est pas si grande, quatre ou cinq cours de tennis grand maximum. Surtout avec ces greluches qui s'agitent autour de lui. Si elle lui parle, c'est la cata assurée. La fin de ma carrière alors qu'elle s'apprête à décoller. Jeu, set et match.

Le plus drôle est qu'il ne s'agit pas vraiment d'un mensonge. Non, je parlerais plutôt d'un non-démenti. Après, je préférerais ne pas avoir à expliquer la nuance à ma boss. Lorsqu'elle a demandé, des étoiles dans les yeux, au cours de mon entretien d'embauche : « Levant comme Grégory Levant ? », je me suis entendu répondre : « Oui ». Cela semblait lui faire tellement plaisir qu'il aurait été cruel de répondre par la négative. En plus, dans l'absolu, c'est vrai, c'est la même orthographe. Sa question n'était pas si claire... Par la suite, j'ai été contrainte de m'enfoncer dans ce non-mensonge. Ce n'est pas ma faute si mon célèbre cousin attise autant les convoitises. On ne choisit pas sa famille. Ou si, justement.

Inutile de paniquer, cela serait contreproductif. Restons factuelle, essayons de faire une analyse rapide de la situation. Parler à la première personne du pluriel me donne l'impression que je ne suis pas seule, qu'à plusieurs nous sommes plus forts. Dans le fond, ce n'est qu'un problème mathématique à résoudre, et j'étais plutôt douée à l'école. Entre tous les sacrifices que j'ai faits pour en arriver là et mon ego, le calcul est vite fait !

Je prends une grande inspiration et une grande gorgée de pétillant avec alcool avant de me frayer un passage à travers la foule.

— Je suis désolée de vous interrompre mais on vous demande au téléphone, j'annonce avec aplomb en faisant irruption dans le petit cercle fermé.

La star du tennis me regarde, étonnée, en sortant son téléphone de la poche de son pantalon.

— L'autre téléphone..., je m'empresse de préciser avant de lui attraper le bras de manière familière et de poursuivre à l'attention de l'assemblée, mesdames, je vous le rends dans un instant.

Même à Millepertuis, on ne se comporte pas ainsi.

Les groupies me fusillent du regard. Derrière mon air assuré, je n'en mène pas large. J'entends la voix de mon père qui me murmure : « Reste à ta place. »

— Je suis navrée pour cette entrée en matière quelque peu brutale mais j'avais besoin de vous parler, j'explique une fois que nous sommes à l'écart.

— Vous avez un talent imparable pour éloigner vos rivales !

Je réalise qu'il se méprend sur mes intentions. Habitué à être le centre d'attention de la gent féminine, il ne se doute pas une seconde que je m'apprête à lui révéler que nous sommes cousins germains. Pour de faux.

— Ah non, ce n'est pas ce que vous croyez. Je ne suis pas une de vos...

Je m'interromps un instant pour chercher le mot idoine, je doute que « greluches » ou « groupies » soient appropriées.

— ... admiratrices.

Je n'ai jamais été fan de tennis, je n'y ai même jamais joué. Le ping-pong, ça compte ? Je me demande comment j'ai pu me mettre dans un tel pétrin, toute seule de surcroît. Mais il est trop tard pour me lamenter, Valérie regarde dans notre direction et ouvre des yeux grands comme des soucoupes. Je décide de passer directement à la phase deux du plan que je n'ai pas.

— J'ai conscience que ce que je vais vous demander risque de vous paraître totalement saugrenu et je suis prête à tout vous expliquer après, mais je vous en prie, pour les cinq prochaines minutes, soyez mon... cousin.

J'ai à peine le temps de terminer mon laïus que ma supérieure nous a déjà rejoints.

— Raphaëlle, petite cachotière, tu ne m'avais pas dit que ton cousin serait là...

— Parce que je n'en savais rien ! je réplique avec un sourire entendu en direction de l'intéressé, qui ne semble pas comprendre ce qu'il fait là.

— Qu'attends-tu pour faire les présentations ? s'impatiente ma boss, qui aspire probablement à ce moment depuis le jour de mon entretien d'embauche.

Grégory Levant fait pivoter sa tête de Valérie à moi, à l'image d'un spectateur qui suit la balle de tennis. Mais qui aurait oublié quel match il est venu voir.

— Eh bien... Valérie, je te présente Grégory Levant... mon cousin. Et, Grégory, je *te* présente Valérie Delobel, la directrice de la communication d'Uneco... l'entreprise pour laquelle je travaille... comme *tu* le sais.

J'espère qu'il ne se formalisera pas de l'emploi du tutoiement. Après tout, on doit avoir à peu près le même âge.

— Enchantée, Grégory. Je peux vous appeler Grégory ?

— Bien sûr, Valérie. Enchanté moi aussi.

Je me détends légèrement en constatant qu'il joue le jeu. #fairplay.

— Quel dommage que vous ne puissiez pas venir à notre gala..., se désole Valérie. Cependant, je comprends, vous êtes un homme très demandé.

Grégory Levant se tourne vers moi. Service à Raphaëlle.

— Eh oui... je réponds à sa place, avec un rire nerveux. Ça tombe le jour de l'anniversaire d'Emma, ta grand-mère, enfin notre grand-mère.

— Peut-être l'année prochaine, insiste Valérie.

— Peut-être..., répète-t-il quand un homme vient lui chuchoter quelque chose à l'oreille. Je suis désolé, je vais devoir retourner à mes obligations.

— Mais oui, bien sûr, je m'empresse de dire, soulagée que cette conversation prenne fin.

— Valérie, je promets de faire un effort pour votre prochain gala...

Qu'est-ce qui lui prend de dire une chose pareille ? On voit que ce n'est pas lui qui va devoir trouver une énième excuse.

— ... Chère cousine, j'ai été ravi de te croiser ce soir. Tu peux me redonner ton numéro, je viens de changer de portable et je l'ai malencontreusement perdu dans le transfert. Je pourrais demander à mamie Emma mais tu sais comme moi qu'elle n'a plus toute sa tête...

Je rêve ou il se paye la mienne justement ? N'ayant pas vraiment le choix, je m'exécute à contrecœur, j'ai horreur qu'on me force la main.

— Merci, je t'appelle très vite pour qu'on aille prendre un verre tous les deux ! lâche-t-il, visiblement amusé, avant de prendre congé.

J'ignore s'il se fout de moi ou s'il est sérieux. Si ça se trouve, il compte m'envoyer ses avocats pour usurpation d'identité.

— Si tu n'es pas disponible, je veux bien prendre ta place…, plaisante Valérie, qui est indéniablement sous le charme du tennisman.

Ce match m'a épuisée, néanmoins, je crois que j'ai sauvé ma carrière.

## Chapitre 7

## Tectonique des plaques

— Madame Vernay.

Une dame âgée se lève péniblement de la chaise, qui semble en avoir vu passer d'autres. Je suis tentée d'aller l'aider pour gagner un peu de temps. Mon rendez-vous était à 11 h 45, il est midi, je suis toujours dans la salle d'attente, Mme Vernay entre à la vitesse d'un escargot dans le cabinet et il reste encore deux personnes devant moi. Il faut se rendre à l'évidence, je vais y passer ma pause déjeuner. Je peux dès à présent prévenir les filles de manger sans moi sur notre groupe WhatsApp, « UNECO B'WOMEN », le « B » valant pour *business*.

UNECO B'WOMEN

RAPHAËLLE

Les filles, ne m'attendez pas, j'avais complètement oublié mon rendez-vous chez l'esthéticienne.

BRUNE

Rencard en perspective ?

Tu parles, le mec prendrait la poudre d'escampette en me voyant en tenue d'Ève. J'ai dû me résoudre à consulter, des plaques purulentes ont remplacé les boutons. Finalement, je préférais les premiers. Quand je me regarde dans le miroir, j'ai envie de pleurer, en plus ça me gratte. Seul point positif : j'arrive à les dissimuler sous mes vêtements d'hiver.

RAPHAËLLE
Simple entretien…

Je n'ai pas particulièrement envie de m'étendre sur mes « petits » problèmes. En outre, je préfère éviter les questions du genre : « Qu'est-ce que c'est ? » puisque justement je ne le sais pas. Dans ce cas, les gens ont souvent plein d'idées, de préférence des trucs graves.

AGATHE
Tu as raison, mieux vaut se tenir prête. ;)

MATHILDE
Tu me tiens au courant…

Bien qu'elle ne soit pas une professionnelle de téléconsultation médicale, ma meilleure amie a droit à une photo chaque jour. Pour le meilleur et pour le pire. J'espère qu'elle n'a pas prévu de les compiler dans un de ses albums.

RAPHAËLLE – MATHILDE
Vingt minutes dans la salle d'attente. Je vais repartir avec plus de microbes qu'en arrivant !

SANDRINE
Coucou !

Mes épaules se contractent en voyant le bandeau s'afficher sur l'écran. Il me donne l'impression d'une intrusion dans mon espace vital. C'est trois fois rien, juste un message, et pourtant… Être « en ligne » suffit à laisser penser aux gens que vous êtes disponible et surtout disposé à leur répondre. Maintenant. Tout de suite.

Autant joindre l'inutile au désagréable et profiter de ce temps perdu dans la salle d'attente pour ouvrir les messages de Sandrine, une ancienne copine de master, reçus dimanche. Cinq ou six photos, je ne sais plus, ça m'avait d'emblée découragée. Elle ne pouvait pas faire un envoi multiple ? J'étais chez moi en train de regarder un documentaire, je n'avais aucune envie de me lancer dans une discussion et encore moins dans une discussion que je n'avais pas choisie.

Six photos de vacances à la neige en famille : son fils à la patinoire, son fils et son mari, la montagne, un coucher de soleil, le buffet du petit-déjeuner de l'hôtel ! Sérieusement ? J'en connais une autre qui aurait besoin de consulter.

SANDRINE
Comment ça va ?

Typique, elle n'attend même pas que je réponde. Elle écrit afin de s'assurer que je ne vais pas quitter l'application. Une fois que vous avez lu le message, vous êtes foutu, vous devez répondre. Attention, message contractuel.

RAPHAËLLE
Ça va.
SANDRINE
Tu as reçu mes photos ?

Elle sait pertinemment que je les ai reçues, la question sous-jacente est : « Que penses-tu de ma vie de rêve ? » Que dire ? La vérité ? Ton fils est moche... comme son père. Ce n'est probablement pas ce qu'elle attend.

RAPHAËLLE
Le petit bonhomme grandit.
SANDRINE
Il va fêter ses trois ans le mois prochain !

Je m'en fous.

RAPHAËLLE
Le temps passe vite… je dois te laisser, on m'attend.

Pourquoi devrait-on se forcer à répondre à des personnes qui nous indiffèrent ? Pire, nous exaspèrent.

Il est 12 h 55 lorsque j'entre à mon tour dans le cabinet, énervée. Après un bref entretien, la médecin, une femme dans la cinquantaine, m'ausculte : elle examine mes plaques, écoute mon cœur, mesure ma pression artérielle, procède aux vérifications habituelles.

— Vous pouvez vous rhabiller…

Elle n'est ni particulièrement agréable ni désagréable. Je m'en moque, je ne suis pas ici pour sociabiliser. Assise sur mon siège, j'attends le verdict avec impatience. Un virus tropical qu'un de mes jules m'aurait généreusement transmis ? Ça m'apprendra à embrasser des inconnus dans les bars. #rendezvousgaleux.

— Votre tension est un peu basse… Vous avez un bon sommeil ?

— Oui, enfin je me réveille parfois la nuit, vers 4 heures du matin.

— Et vous vous rendormez facilement ? interroge la doctoresse en prenant des notes.

Est-ce qu'il lui arrive de les relire comme moi mes portraits chinois ? Si j'étais une maladie… la vérole.

— Pas forcément, j'en profite pour traiter des mails.

Elle fronce les sourcils.

— Ce n'est pas bien ? je m'empresse de questionner comme une enfant prise en faute.

— Ce n'est surtout pas normal. À cette heure on dort.

Si je réfléchis, cela fait un moment que mes nuits sont saccadées, que je ne dors plus d'une traite. À part quand j'ai trop bu, mais ça ne compte pas. Je me rappelle l'époque où maman me racontait des histoires pour m'endormir le soir. Des contes, toujours drôles, qu'elle inventait juste pour moi. J'en garde une impression de douce chaleur et de sécurité. C'est un des rares souvenirs qu'il me reste d'elle.

— … Je sais que c'est monnaie courante de nos jours, le professionnel grignote de plus en plus sur l'espace personnel mais il faut vous protéger si vous ne voulez pas y laisser votre santé !

Elle exagère. Je suis jeune et en pleine santé. Enfin presque.

— Vous mangez sainement ?

Je suis une adepte du *fasting*, cette nouvelle tendance à la mode. Je jeûne de 9 heures à 21 heures… et le soir je me venge sur les plateaux de petits fours que j'arrose de champagne tiède.

— Dans l'ensemble oui, même s'il m'arrive de sauter quelques repas quand je ne peux pas faire autrement.

Par exemple, vu l'heure, aujourd'hui, je vais devoir me contenter d'avaler pour le déjeuner un des échantillons de nos snacks qui traînent dans mes tiroirs. Heureusement qu'ils sont prétendument « équilibrés ».

— Il faut prendre le temps, c'est important ! me sermonne la doctoresse avant de poursuivre son interrogatoire. Des soucis particuliers en ce moment ?

Cette fichue promotion occupe tout l'espace. L'attente me semble interminable et je m'en veux de ne pas avoir le courage de demander à Valérie où en est le processus de recrutement. Je n'ose pas, comme si le faire démontrerait mon manque d'assurance. Elle pourrait peut-être me prescrire des pilules pour arrêter de cogiter ?

— Non, rien de particulier. Alors, qu'est-ce que j'ai, docteure ?

— Je ne vois rien de clinique, tout semble en ordre. Votre corps vous envoie un signal, il vous exhorte à ralentir, à prendre soin de vous.

Et moi je lui dis que ce n'est pas le moment, avec le gala demain soir !

— Qu'est-ce que vous pouvez me prescrire ? j'interroge, désireuse de savoir comment me débarrasser au plus vite de ces plaques.

— Un spray pour soulager les démangeaisons… et du repos.

— C'est tout ?

— Pour ma part, c'est tout.

Pas la peine de faire dix années d'études pour me dire ça. À ce compte-là, moi aussi je peux être généraliste.

— Vous trompez votre monde, Raphaëlle, me lance-t-elle de but en blanc alors qu'elle me raccompagne à la porte. Et c'est un poids difficile à porter sur vos petites épaules…

N'importe quoi. Je suis une femme forte et indépendante. Je suis une Catherine !

# Chapitre 8

## L'art de se faire carotter

Ce matin, j'ai enfermé mon sentiment d'imposture à double tour dans un tiroir du caisson à roulettes de mon bureau (qu'il roule vers d'autres collègues !) et j'ai envoyé un email à Valérie lui indiquant que j'aimerais la voir concernant le poste. Un message simple et formel à la fois. J'ai éprouvé un sentiment de fierté d'avoir finalement osé le faire.

— Assieds-toi, je t'en prie...

Elle m'a donné rendez-vous à 16 heures, la journée m'a paru longue. Je ressens à présent une certaine appréhension, ce qui est normal dans la mesure où c'est mon avenir qui est en jeu.

— ... J'avais espéré que ce serait plus calme après le gala mais il y a toujours de nouveaux projets. D'un autre côté, on ne va pas se plaindre, c'est ce qui rend notre travail si excitant !

Mon rythme cardiaque s'accélère, je hoche la tête sans vraiment l'entendre.

— Je voulais également te voir.

Nous y sommes.

— Écoute, je vais être directe, c'est Anthony qui a eu le poste.

Il me faut quelques secondes avant que l'information ne parvienne à mon cerveau. Anthony Morveux ? Je ne savais même pas qu'il avait postulé.

— Mais… je ne comprends pas…, je bredouille, abasourdie. J'ai plus d'expérience que lui… tu m'avais dit que j'avais toutes les qualités requises et que ma candidature était la mieux placée…

J'ai conscience que mes propos manquent de pertinence. Que dire que mon CV et les trois années passées chez Uneco n'ont déjà raconté de moi ? Comment être convaincante dans une démonstration que je sais perdue d'avance ?

— Alain est d'avis que son profil correspond mieux.

Il parle de la protubérance au niveau de son entrejambe ? Ce mec parade avec sa grande école mais c'est un fils à maman sans talent.

— J'ai une meilleure connaissance du marché que lui…

— Alain a choisi Anthony, me coupe Valérie d'un ton sans appel.

Il n'y a pas de bonne façon d'annoncer une mauvaise nouvelle, cependant, le total manque d'empathie de celle en qui j'avais confiance me heurte de plein fouet.

— La nouvelle sera communiquée demain en interne, je voulais t'informer avant.

Comme c'est prévenant de sa part. Je me demande s'ils ont fait exprès de retarder l'annonce afin que j'assure le gala et que je ne vienne surtout pas gâcher leur petite fête.

— J'imagine que tu es déçue mais cela ne remet nullement en cause tes compétences et nous les valoriserons autrement.

Je crois qu'elle est loin de s'imaginer ce que je ressens à l'instant présent.

— Je suis déçue, c'est le mot, je me contente de répondre en espérant que ma voix ne trahisse pas mon émotion.

Je ne veux pas leur faire ce cadeau.

— C'est la réalité du monde professionnel, Raphaëlle, essuyer des revers pour mieux se relever. Se révéler. Ton tour viendra, je n'en doute pas.

Ça fait trois ans que je suis à ce poste, c'est maintenant que je dois évoluer, après on m'oubliera, je ferai partie des meubles.

— *What doesn't kill you makes you stronger* ! scande ma boss dans une tentative, vaine, de me rebooster.

Ces phrases toutes faites sonnent comme une insulte à mon travail, à mon dévouement pour cette entreprise. Je regarde son mug « *Be grateful* », je me demande si je dois aussi être reconnaissante de ça.

— J'ai une réunion qui commence pour le lancement de la nouvelle gamme de biscuits sans gluten, je vais devoir y aller, je suis en retard. Nous en reparlerons demain si tu veux...

Pour me parler de l'érythème fessier de son petit dernier (mot savant pour dire qu'il a des plaques comme moi) ou me vanter les exploits du grand qui sait déjà lire en moyenne section de maternelle, elle sait en trouver, du temps ! Il paraît que les maîtresses n'ont jamais vu ça... Avec Victor-Emmanuel, ils envisagent de lui faire passer un test pour vérifier qu'il n'est pas HPI. Rien que ça ! Je doute qu'il ait lu *À la recherche du temps perdu**, au mieux le môme s'est fait l'intégrale de *Oui-Oui* ! #hautpotentieldinepties.

— Je ne vois pas ce qu'il y aurait à dire de plus…, je conclus avant de quitter son bureau dépitée.

Depuis un quart d'heure, je me traîne dans la galerie. Cette exposition n'est assurément pas ma tasse de thé, ce doit être du matcha. L'événement à ne pas manquer, tu parles !

— C'est magnifique ! s'exclame une femme avec un grand chapeau à côté de moi.

Euh, on ne doit pas voir la même chose. Une carotte géante posée sur un tas d'une substance non identifiée. L'artiste a essayé de représenter sa vision de la fin du monde… dans lequel la seule survivante à l'apocalypse serait une carotte ? Après tout, l'homme l'aura bien mérité à force de malmener la planète. J'aurais dû me lancer dans l'art moderne, j'aurais peut-être eu une chance de percer dans ce domaine.

— C'est Aphrodite, la déesse de l'Amour. Cette carotte symbolise un phallus…, explique la dame au chapeau à son amie, tout ouïe. Quelle créativité ! La force de cette œuvre me bouleverse !

Merci pour le décryptage, je dois admettre que je n'aurais jamais trouvé toute seule. Moi, c'est la connerie des gens qui me bouleverse. Comment peut-on avaler de pareilles âneries ? De pareilles carottes ?

---

* *À la recherche du temps perdu*, Marcel Proust.

— Un don des héritiers de l'artiste, précise l'experte en *phallocarotie*.

Tu parles, je pense qu'ils étaient surtout ravis de se débarrasser de cette horreur !

J'ignore pourquoi je suis venue à ce vernissage, je ne suis pas d'humeur. Je crois que je me suis mise en pilotage automatique, il était prévu que je m'y rende alors qu'importe si mon monde s'écroule, on s'en tient au plan. Comme pour ma carrière. J'ai fait un master en marketing avec pour ambition d'intégrer un grand groupe et de devenir directrice marketing à trente-cinq ans. La vérité est moins reluisante, je semble vouée à rester éternellement dans l'ombre de quelqu'un d'autre. Catherine ne serait pas fière de moi. J'ai des sacs alignés sur les étagères de mon armoire, mais je suis rarement chez moi pour les contempler. Quand je repense à tous les sacrifices que j'ai faits pour être là où je ne serai pas demain, où ce pistonné d'Anthony sera à ma place ! Les stages non rémunérés à côté desquels j'étais obligée d'enchaîner les petits boulots comme distribuer des flyers à rollers en plein hiver pour payer mon studio. Les CDD sans aucune promesse d'avenir qu'il fallait pourtant accepter afin d'acquérir l'expérience nécessaire pour être embauchée par une entreprise comme Uneco. Et depuis, je ne me suis pas ménagée. J'ai donné sans compter, quitte à faire une varicelle d'adulte menteur à trente ans ! Tout ça pour quoi ? Tous ces efforts envolés en fumée de vapoteuse ! Je déteste Alain Caron. Je les déteste tous.

— Madame, je peux vous proposer un savoureux croquant de saumon sur son lit de poireaux ? interroge un jeune homme en me présentant un plateau avec deux amuse-bouches ridiculement minuscules.

Les œuvres de monsieur Carotte ne se vendraient-elles pas aussi bien qu'on voudrait nous le faire croire ?

— Non merci... je crois que je vais rentrer chez moi.

— Bonne soirée, madame, me répond-il, poli, avant d'aller offrir ses petits fours à d'autres.

Me voilà en train de raconter ma vie à un serveur qui n'en a rien à faire de mes états d'âme. Pour autant, il m'apparaît à présent clairement que je n'ai rien à faire ici. Lorsque j'étais enfant, je n'allais pas à la danse le mercredi après-midi ni au musée le week-end avec mes parents, je jouais à cache-cache avec les enfants du village, on construisait des cabanes dans les arbres ou on faisait des parties de Monopoly par temps de pluie. Alors, depuis des années, pour essayer de compenser ma culture populaire, j'engloutis les livres, les podcasts, je cours les sorties du moment par peur de manquer l'événement dont le Tout-Paris va parler. Je suis fatiguée de cette discipline que je m'impose.

# Chapitre 9

## Désenchantée

La nuit a été courte, j'ai écouté deux cycles de vingt minutes de méditation guidée avant d'accepter que l'application ne pouvait rien pour moi. J'ai séché ma séance de gym matinale, je me suis fait un mot d'excuse. Pas envie. Idem pour le brossage à sec. Aujourd'hui, si tu ne te brosses pas avant de te laver, tu es passée à côté de ta douche. Tant pis pour moi. Et ce n'est plus suffisant d'acheter une crème hors de prix, il faut l'appliquer avec la gestuelle. En gros, tu dois être esthéticienne ! Dire que je suis de mauvaise humeur serait un euphémisme, c'est plus général, je ne crois plus en rien.

Je me trouve une mine affreuse dans le miroir de la salle de bains. Pas la meilleure armure pour monter sur l'échafaud tout à l'heure. Armée de mes pinceaux et éponges, je tente de cacher la misère. Ma misère. Je soupire en regardant du coin de l'œil mes post-it. « Quand on veut, on peut. » Apparemment, ce n'est pas toujours suffisant. « *Sky is the limit.* » *Bullshit*[*] *! Vagina is the limit !*

Mes talons claquent sur le sol en marbre du hall mais la partition sonne faux ce matin. J'ai mis mon tailleur-pantalon noir, une tenue qui conviendrait pour un enterrement. Je salue l'hôtesse d'accueil. En deux ans de bons et trop loyaux services, je n'ai jamais vu un homme à ce poste. Dois-je en déduire qu'ils ne savent pas accueillir ? Et, fait surprenant, ces jeunes femmes ont toujours la même physionomie de mannequin aux mensurations parfaites, le même chignon lustré, le même uniforme. Des hôtesses interchangeables. Si ça se trouve, elles ne sont pas humaines, l'intelligence artificielle fait de très belles imitations de nos jours.

J'arrive sur le plateau la tête haute (avant qu'elle ne tombe). Rester digne. Pourtant, à l'intérieur, je me sens misérable. J'ai le sentiment d'avoir échoué, d'être redevenue cette petite fille qui n'a pas les bonnes baskets. J'étais en quatrième, j'avais supplié papa pour avoir la dernière paire à la mode, j'avais même proposé de faire la vaisselle pendant un mois en échange. « Trop cher », « pas essentiel », comme toujours. Sylviane m'avait emmenée à La Halle aux Chaussures un samedi pour m'acheter un modèle ressemblant « dans nos moyens ». C'est-à-dire modestes. Essayez de présenter à l'aéroport un passeport avec une photo de quelqu'un qui vous ressemble, ça passe rarement. Marine et Alison, les pestes de ma classe, la 4$^e$ B, ont tout de suite remarqué

---

* Conneries !

l'imposture, attirant l'attention sur mes fausses Adidas. Forcément, je ne les ai pas remises le lendemain ni le jour suivant, ce qui m'a valu un « Après tout le cirque que tu as fait pour les avoir, tu les portes, ces baskets ! » agacé de mon père. Je n'ai pas eu le cœur de lui répliquer que ses copies, il pouvait se les garder, comme ce nouveau grille-pain dont il était si fier ! Il travaillait comme ouvrier chez Délectra. Tout le monde dans un rayon de vingt kilomètres autour de l'usine travaillait pour le groupe électroménager, à différents niveaux. Chacun à sa place. Toute mon enfance, je l'ai vu s'appliquer à être un employé modèle, respecter quasi religieusement la direction, s'écraser aussi lorsque c'était nécessaire. Surtout ne pas sortir de son rang. L'entreprise avait un bon comité d'entreprise, chaque année le personnel recevait à Noël un appareil électroménager. Qu'est-ce que j'en avais à faire de son grille-pain dernier cri ? Moi, je voulais des habits à la mode, des chaussures de marque, un iPod Nano, je voulais être comme les autres. Et puis un jour, il y a eu la moquerie de trop. Et la gifle. C'est tombé sur Simon Leclerc, il était bête mais pas plus qu'un autre et surtout, il n'était pas spécialement méchant, il suivait juste le troupeau. Je revois la scène, ses lunettes se sont envolées avant de se fracasser sur le sol de la cour de récré. C'est ce qu'on appelle être au mauvais endroit au mauvais moment. Il a dit à la pionne qu'elles étaient tombées. Je crois qu'il était amoureux de moi. Drôle de façon de le montrer.

À 10 heures, la nouvelle est sur la messagerie interne et sur toutes les bouches. Chacun y va de son commentaire. « Anthony le mérite, c'est un mec brillant », « C'est dégueulasse, ce job était fait pour toi », « Anthony va se planter ». Ma collègue Mélanie se déplace personnellement pour me dire qu'elle est désolée que je n'aie pas eu le poste, me présenter ses condoléances. J'ai beau revêtir le masque de la fille indifférente, la sollicitude des gens me renvoie à mon échec. Me fait me sentir plus nulle encore. Je décide de m'échapper aux toilettes, consciente que cette issue ne sera que temporaire. Je change mes plans en chemin lorsque j'aperçois Brune à la cafétéria.

— Tu aurais pu me prévenir ! je lance en guise de bonjour.

Elle était très probablement déjà au courant quand nous avons déjeuné ensemble cette semaine.

— Écoute, Raphaëlle, tu sais comme moi que c'est confidentiel, répond avec aplomb celle que je prenais pour mon amie.

— On ne parle pas du dernier brunch à la mode, là, mais de ma carrière ! je rétorque, ironique.

— Ce n'est pas la peine de t'énerver...

J'ai toujours trouvé que Brune avait un côté petite fille gâtée, qu'elle ne se souciait que d'elle-même. C'est criant aujourd'hui. Finalement, elle aurait pu faire partie des pestes de la 4<sup>e</sup> B, rien ne change.

— Un peu quand même, je la coupe. Si tu m'avais informée, j'aurais pu préparer mon entretien avec Valérie...

— Ça n'aurait rien changé, la décision était prise.

— Tu te trompes, j'aurais pu dire ce que j'avais à dire sans me laisser déborder par mes émotions et ça, ça aurait changé beaucoup de choses pour mon ego. Je croyais qu'on se serrait les coudes. Les Uneco B'Women, tu parles !

— Le fait qu'Anthony ait eu le poste ne remet aucunement en cause tes compétences..., ajoute Brune d'une voix mielleuse qui m'écœure.

Je ne veux pas de sa fausse compassion.

— Ne te fatigue pas, Valérie m'a servi le même discours hier !

Je la laisse penaude devant l'automate avant de finalement retourner à mon bureau. Je mérite mieux que des WC !

12 h 30. Anthony se dirige vers l'ascenseur avec sa garde rapprochée, il va sans doute célébrer sa victoire. Il parle fort, rigole. Il fanfaronne. Il n'y a pourtant pas de quoi, les élections étaient truquées.

— Sans rancune, collègue ? me lance mon adversaire avec un sourire carnassier en passant devant moi.

Si j'étais un animal... un coq. Une chanson... « Bidon », d'Alain Souchon. Un adjectif... connard. Il devrait se méfier et demander à Simon Leclerc ce qui se passe quand la cocotte explose.

Toute la matinée, Valérie a couru de bureau en bureau, en prenant soin d'éviter le mien. Pas un mot, pas un email. De quoi me faire amèrement regretter les heures perdues à l'écouter se lamenter et les nuits trop courtes passées à finaliser ses présentations ! J'essaie tant bien que mal de me concentrer sur mon travail, ça m'évite de ressasser. J'aimerais publier le compte rendu du gala dans la newsletter qui sera envoyée aujourd'hui à nos clients, c'est une question de crédibilité. La mienne et celle de mon employeur. De nos jours, il faut être réactif. J'ai préparé mon texte, sa traduction – le document est disponible en deux versions, française et anglaise –, je sélectionne quelques photos, réfléchis aux légendes.

Je me décide finalement à sortir pour acheter quelque chose à manger. Je n'en peux plus des barres insipides. Comme mon quotidien ? En passant devant le restaurant japonais, j'aperçois Brune et Agathe attablées. Cette dernière a choisi son camp. #clandespestes. Elles ne m'ont pas vue, et c'est tant mieux.

Cette sensation étrange d'être spectatrice ne me quitte pas de la journée. J'ai l'impression d'avancer sans trop savoir comment. Nous sommes vendredi, je me concentre sur le fait que ce soir je retrouve Mathilde. Mais lundi, la semaine prochaine, et les autres jours, il faudra remettre le masque. Une pareille opportunité ne se représentera pas de sitôt. Je devrais peut-être envisager de donner ma démission ? Pour recommencer ailleurs, en bas de l'échelle ? Pour la première fois depuis longtemps, je suis perdue, je ne vois pas la direction.

À 18 heures, j'appuie sur le bouton « envoi » de la newsletter, qui part rejoindre les boîtes mail de nos 21 899 abonnés. Au moment où je m'apprête à éteindre mon ordinateur, je reçois un message de Valérie. « Tu peux passer dans mon bureau asap stp ! » Économie de mots. À force d'abréviations, on ne saura bientôt plus écrire.

— Tu peux m'expliquer ? interroge ma supérieure en tournant l'écran de son PC dans ma direction.

— La newsletter ? je demande en fronçant les sourcils, signe que je ne comprends pas de quoi il s'agit.

— Ça, dit-elle en désignant de son index la photo du lauréat.

— Anthony ? je questionne innocemment.

— Anthony « Morveux », répond Valérie, furieuse.

— Oups, la coquille !

— La coquille ? répète ma boss peu crédule.

— Mon correcteur automatique a encore fait des siennes ! Ce n'est pas la première fois…

Il ne s'agit évidemment pas d'une faute de frappe. #fallaitpascommencer.

— Celle-ci est particulièrement « gênante », commente Valérie en mimant des guillemets avec ses doigts.

— Je vais envoyer un erratum, je propose en guise de solution.

Mais je vais attendre un peu afin qu'un maximum de personnes se rendent compte de la vraie nature de mon collègue.

— Je laisse passer pour cette fois, Raphaëlle, mais que ça ne se reproduise pas, autrement je serais obligée de faire un signalement aux ressources humaines, me menace Valérie. Il ne faudrait pas abuser de ma confiance.

C'est la goutte d'eau qui fait déborder la cocotte.

— Tu plaisantes ?

Mon ton est à présent ferme et déterminé. Je laisse tomber le masque.

— Ça fait des mois que je saute régulièrement ma pause déjeuner, que je ramène du boulot à la maison, que je bosse plus que n'importe qui dans le département, et que je n'hésite pas à planter mes amis pour représenter le service afin que tu puisses profiter de ta petite vie de famille… tout ça pour que le poste aille à Anthony ! Je crois que c'est surtout l'entreprise et particulièrement toi qui avez largement profité de ma confiance !

— Comme je te l'ai expliqué hier, c'est Alain qui a pris la décision…, tente de se justifier Valérie, peu habituée à ce que je lui réponde.

— Tu sais quoi ? La gentille Raphaëlle est au bout du rouleau… J'ai des soucis de santé, des boutons sur tout le corps, je poursuis en découvrant mon avant-bras pour lui laisser voir mes plaques.

— On dirait des punaises de lit, s'exclame ma boss, horrifiée.

La Valérie n'est pas empathique, c'est là son moindre défaut. Comment ai-je pu me mettre des œillères tout ce temps ?

— Rassure-toi, ce n'est pas contagieux, la doctoresse a diagnostiqué un épuisement mental.

Valérie blêmit, elle est peut-être en train de se demander si je compte les traîner devant les prud'hommes. Gérer les états d'âme et les problèmes perso de sa boss, je gagne direct ! Il est grand temps que je pose des limites.

— Il faut que je lève le pied, que je me repose…

— Oui, bien sûr, ménage-toi la semaine prochaine, n'hésite pas à partir tôt.

— Tu ne m'as pas comprise, tu auras mon arrêt maladie dans ta boîte mail lundi.

Il ne me reste plus qu'à repasser chez la médecin demain matin. Avec un peu de chance, elle me fera également une dispense pour la fête.

— Le timing est mal choisi… tu pourrais aménager tes horaires…

— Depuis trois ans, on me demande de prendre mes congés en dehors des vacances scolaires, de laisser la priorité aux mères de famille, on ne va pas en plus m'imposer mes dates d'arrêt maladie !

Voilà, j'applique vite mes résolutions, limite posée. Je n'en reviens pas d'avoir dit ça. Et à voir la tête de Valérie, elle non plus. Ils l'ont bien cherché. « Uneco. Nous prendrons soin de vous et de votre carrière. » La crème de la crème des employeurs dans le secteur agroalimentaire ! Eh bien, la ganache est tranchée.

## Chapitre 10

## Match nul

Lorsque j'ai écrit à Mathilde cet après-midi pour lui dire, textuellement, que nous allions nous saouler ce soir, elle m'a répondu qu'elle avait quelque chose de prévu et m'a demandé si on pouvait se saouler demain. Quand j'ai ajouté que je ne m'étais pas sentie aussi mal depuis le mariage de mon père, elle s'est aussitôt libérée. Heureusement. Je n'aurais voulu célébrer cet échec cuisant avec personne d'autre que ma meilleure amie. Nous nous sommes retrouvées dans un bar du Marais, un endroit chaleureux où les gens sont joyeux.

— Trois ans que je joue l'employée modèle, celle qui ne fait jamais de vagues, merci papa, et voilà comment ils me remercient. J'ai le diplôme, l'expérience, la motivation, mais pas les bonnes relations. Se les inventer ne suffit apparemment pas ! je raille amèrement.

Depuis tout à l'heure, elle m'écoute lui dérouler le film des deux derniers jours en buvant de temps à autre une gorgée de son gin. J'ai fini mon verre, le barman est en train de m'en préparer un deuxième. Je sais que ce n'est pas raisonnable, l'alcool me monte déjà à la tête, je n'ai presque rien mangé de la journée mais pour une fois je n'ai pas envie d'être raisonnable. La docile Raphaëlle en a ras-le-verre ! Tant pis pour le mal de crâne demain. Qui sait ? Ça m'aidera peut-être à supporter le repas de famille.

— Ils ne m'ont rien dit avant le gala pour s'assurer que j'allais faire le job, ils m'ont pressée comme un citron ! j'ajoute en joignant le geste à la parole au cas où elle n'aurait pas saisi l'image.

— Je comprends que tu te sentes trahie.

— Je prenais Valérie pour un modèle, je lui faisais confiance, elle n'a pas eu un mot pour moi, tu te rends compte ?

— Tu n'as pas voulu l'entendre mais je t'ai toujours dit que je ne la sentais pas...

— Elle n'a fait aucun commentaire sur la politique de promotion de la boîte, ce grand jeu où les dés sont pipés ! Je la trouve tellement lâche. Elle n'arrive pas à la cheville de Catherine, ni même à son petit orteil.

— Tu devrais peut-être arrêter de te référer à Catherine, elle doit être à la retraite maintenant...

— Je ne sais pas ce qui m'a retenue tout à l'heure, dans son bureau, de lui faire avaler son matcha avec le mug ! je la coupe, impatiente de vider mon sac. Quand je pense que ça fait un an que je bois ce truc dégueulasse, c'est fini. Demain, café !

— Raph', pourquoi tu te forces à boire quelque chose que tu n'aimes pas ?

Si on sort la phrase de son contexte, forcément elle interroge. Seulement, dans la vie, les choses ne sont pas si simples. Il est parfois nécessaire de faire des concessions pour se fondre dans le décor, se faire accepter, parce que c'est de cela qu'il s'agit.

— Pourquoi tu te forces à être quelqu'un d'autre ? continue ma meilleure amie. Être toi, ce n'est pas suffisant ?

Sa question me fait l'effet d'un électrochoc. Est-ce que je me suis fourvoyée tout ce temps à vouloir rentrer dans un moule qui n'est pas le mien ?

— Peut-être parce que j'essaie de rentrer dans un moule à tarte alors que je suis un cake…, je réponds finalement.

J'ignore si cette image est la plus pertinente, le gin n'étant pas connu pour ses dons de clairvoyance, pourtant, aussi saugrenue qu'elle puisse paraître, elle résume assez fidèlement ce que je ressens.

— C'est très bien d'être un cake ! me rassure Mathilde.

La vérité est que si d'autres personnes peuvent s'en contenter, je ne peux pas. J'ai besoin de plus.

— Qu'est-ce que je vais faire maintenant ? Je ne vais pas rester responsable de projets toute ma vie ?

— Tu vas profiter de ces vacances forcées pour te reposer. Ton corps t'envoie des signaux depuis un moment…

Elle ne va pas s'y mettre ! C'est normal d'être fatiguée au changement de saison. Quant aux boutons, ils commencent à s'estomper. J'ai utilisé le joker de l'arrêt maladie pour éviter d'avoir à croiser tous ces hypocrites au bureau la semaine prochaine.

— Mat', je n'ai aucune envie de me reposer…

— Tu pourrais utiliser cette pause pour réfléchir… Si ça ne s'est pas fait pour ce poste, c'est peut-être l'occasion d'envisager de changer d'entreprise. Je ne pense pas que ce soit normal de devoir devenir quelqu'un d'autre pour un job…

— Tu ne peux pas comprendre, tu as toujours manqué d'ambition !

C'est sorti tout seul. Je suis consciente que ma remarque va la blesser mais j'en ai marre qu'on décide pour moi. Alain, Valérie, la doctoresse et maintenant elle.

— Je ne manque pas d'ambition, finit par répondre Mathilde après un moment. Simplement, tout le monde n'a pas besoin de prendre une revanche sur la vie pour être heureux.

— Je suis curieuse d'entendre ta définition du bonheur ! je rétorque sur la défensive.

— Le bonheur est un idéal difficile à atteindre, un concept pour la une des magazines qui veulent nous vendre leurs recettes miracles. Je pense que c'est plus une question d'équilibre, trouver l'équilibre qui nous convient. Pour moi, c'est exercer un métier qui me plaît, ce que j'ai la chance d'avoir aujourd'hui même s'il n'est pas spécialement bien payé, j'aime aider ces jeunes, les écouter, leur montrer les portes qui s'ouvrent à eux. C'est avoir des amis avec qui passer de bons moments, et une famille…

— Pour le dernier point, c'est plutôt mal barré pour quelqu'un qui n'a pas couché avec un mec depuis un an et demi ! je lance, sarcastique.

Elle accuse le coup. Coup bas. Je réalise que je suis allée trop loin.

— On en est à l'échange de vacheries ? interroge Mathilde, les yeux brillants. Si c'est ce que tu veux…

Mon poste de conseillère d'orientation n'est sans doute pas assez bien pour toi, mais moi, je n'ai pas été obligée de m'inventer un cousin célèbre ou de mentir sur le métier de mon père pour me faire accepter de mes collègues !

J'imagine que c'est de bonne guerre, ma meilleure amie frappe là où ça fait mal. Les parents de Brune sont architecte et psychologue ; le père d'Agathe directeur commercial dans une grosse entreprise de logistique, sa mère organisatrice du bien-être familial. Vu le salaire de son mari, elle est peut-être même rémunérée pour cette fonction. Au cours d'une conversation, j'ai lâché que mon père était négociant en métaux précieux dans les pays d'Asie, un mensonge difficile à percer. Je les vois mal demander le 06 de mon père pour acheter des lingots. Je n'en suis pas spécialement fière. J'imagine sa déception s'il l'apprenait. Après, il n'y a aucune raison pour que cela arrive. Mathilde 15 – Raphaëlle 0.

— Ensuite, poursuit Mathilde, sur la liste des choses qui sont essentielles pour moi, il y a l'amitié. Et pour réussir sa vie amicale, il faut investir dans ce domaine, ce que je fais sans compter, comme toi avec ton boulot, mais tu es trop occupée pour t'en apercevoir !

— Tu exagères... je me suis laissé un peu déborder ces dernières semaines...

— Raph', tu as manqué mon anniversaire !

— On l'a fêté le samedi...

Nous ne sommes plus des gamines, elle ne va quand même pas faire une histoire pour un jour.

— Ça va sans doute te paraître très égoïste de ma part mais j'avais envie de choisir le jour de ma fête d'anniversaire... Et j'avais choisi le vendredi parce que c'était justement le jour de mon anniversaire !

— Il y avait une urgence boulot...

— Une urgence ? Une opération à cœur ouvert sur un grand accidenté de la route, ça c'est une urgence ! s'emporte Mathilde avant de s'arrêter net. Pardon.

Même à la guerre, tous les coups ne sont pas permis.

— On ne peut pas compter sur toi, reprend-elle plus calme, on ne sait jamais si tu vas être là...

Au fond de moi, je sais qu'elle a raison, je n'ai pas été une bonne amie ces derniers mois. Mathilde 30 – Raphaëlle 0.

— Et il ne t'est même pas venu à l'idée de demander quel plan j'avais annulé aujourd'hui pour me libérer, continue Mathilde qui ne semble pas vouloir s'arrêter, comme si elle craignait de ne plus avoir le courage de dire toutes ces choses qu'elle garde depuis (trop) longtemps. Parce que c'est forcément moins important. Il n'y en a toujours que pour toi...

C'est vrai. Je voulais égoïstement qu'elle annule sa soirée pour être avec moi, pour me réconforter alors que mon monde vient de s'écrouler. Je n'ai pas pensé à lui demander ce qu'elle avait de prévu. J'aurais pu. J'aurais dû. Mathilde 45 – Raphaëlle 0.

— Il est rare que je te dise non, pourtant tu as insisté, « je ne me suis jamais sentie aussi mal depuis le mariage de mon père », alors j'ai annulé ma soirée... le pot avec Jérémy.

— Mon Jérémy ? j'interroge alors que je ressens une pointe de jalousie à l'idée que ces deux-là puissent prendre un verre tranquillement sans moi pendant que je suis au fond du trou.

— Oui, pardon, je suis bête, ton Jérémy ! Le monde appartient à Raphaëlle Levant ! s'époumone ma meilleure amie qui s'emporte comme jamais, avant de se lever de sa chaise et de quitter le bar.

Autour, les gens continuent de faire la fête, de vider leur verre comme si de rien n'était. Comme si ma carrière professionnelle ne venait pas de voler en éclats. Comme si nous ne venions pas de nous balancer des horreurs avec la seule personne qui est toujours là pour moi. Mathilde remporte le set, et pourtant aucune de nous deux ne remportera le match.

## Chapitre II

## Œufs mayonnaise

Je me gare devant le pavillon qui m'a vue grandir, mes parents l'ont acheté l'année de ma naissance, c'est l'histoire qu'on m'a racontée. Une construction des années 1970, avec sous-sol et jardin, à une heure et demie de Paris. Millepertuis, un village retiré de Seine-et-Marne où les anciennes lignes de chemin de fer ont été remplacées par des bus et où le RER n'a pas jugé utile de s'aventurer. La fin d'une époque.

Je marque un temps d'arrêt au moment d'appuyer sur la poignée. J'ai la boule au ventre chaque fois que j'entre dans cette maison qui a cessé d'être la mienne un dimanche de novembre 2003. Mon père avait mis les petits plats dans les grands, je me souviens encore du menu – poulet rôti avec fagots de haricots au lard –, il était nerveux, on recevait pour le déjeuner. Je ne m'étais pas méfiée, je n'avais pas senti le danger. Lorsqu'elles sont apparues sur le seuil de la porte, qu'elles ont souillé notre tapis « *Home Sweet Home* » de leurs bottes boueuses, j'ai compris que notre vie ne serait plus jamais pareille. Deuxième tsunami dans ma jeune existence, j'avais onze ans. Depuis, je déteste le mois de novembre, il me file le cafard.

À peine entrée, je tombe nez à nez avec Mme Leduc qui s'étonne de ma présence. Quel accueil. Je suppose qu'elle ne pense pas à mal, elle a toujours été gentille avec moi. Le problème avec les gens est que, souvent, ils ne pensent pas. J'échange quelques politesses avec elle avant de prétexter vouloir saluer nos hôtes pour m'éclipser. En vérité, je ne suis pas pressée. J'aimerais pouvoir faire acte de présence et rentrer chez moi, comme il m'arrive de le faire parfois pour le boulot. Je pourrais même faire un post pour attester que j'y étais. @millepertuis #troupaume #maviedecourgette. Trop tard, Mme de Trémaine m'a repérée.

— Raphaëlle, tu es venue…, se réjouit ma belle-mère en m'écrasant contre sa poitrine généreuse.

— Bon anniversaire, Sylviane.

On m'a bien élevée, je suis une grande fille polie.

— Tu as vu ton père ? Il va être tellement content que tu sois là.

J'en doute. Je ne me rappelle plus quand nous avons cessé de nous parler au-delà des échanges de banalités. Mon adolescence a été une période compliquée. Il a été difficile pour moi de voir deux étrangères s'immiscer dans notre quotidien, dans notre foyer. D'autant que mon père prenait systématiquement la défense de « l'autre », la plus petite, celle qui n'était pas sa fille, parce qu'il ne fallait pas qu'elle se sente exclue. Et qui veillait sur moi alors ? Peu à peu, après ma mère, j'ai perdu mon père.

— Non… je viens d'arriver.

— Il ne doit pas être loin, la maison n'est pas si grande…

Depuis quelque temps, Sylviane semble se sentir investie d'une mission de médiation, elle essaie désespérément de rétablir un dialogue entre mon père et moi, de recoller les morceaux. Ceux du lien qu'elle a brisé ?

— Oui, je devrais finir par le croiser.

— Bon… je dois retourner à mes invités, fais comme chez toi…

Cette dernière phrase est particulièrement mal choisie, toutefois je me garde de faire un commentaire qui serait assurément désagréable.

— … le traiteur s'est surpassé, les œufs mimosa sont à tomber. Va vite te servir au buffet avant qu'il n'y ait plus rien !

Ce qui m'étonnerait, ma belle-mère a toujours tendance à prévoir trop par peur de manquer. Malgré ses efforts manifestes pour faire la conversation, la mayonnaise ne prend pas.

Comme je l'avais imaginé, elle a invité tout un régiment… d'anciens combattants. Toutefois Mathilde avait raison, cela devrait la maintenir occupée et par conséquent à distance. Je n'ai pas eu de nouvelles depuis notre dispute, je ne lui en ai pas donné non plus. Françoise, la meilleure amie de la marâtre, se donne en spectacle, elle rit à gorge déployée. Sa robe particulièrement décolletée semble être du goût de M. Marquet, un voisin retraité qui ne cesse de s'égarer dans ses reliefs. Si je faisais un post, je parie qu'Instagram censurerait ma publication pour contenu à caractère explicite ou pornographique.

Je me mets en quête de mon père, je suis venue pour lui, pour lui faire plaisir. Je me fiche de l'anniversaire de Sylviane. Je le trouve dans la cuisine en train de plaisanter avec Lauriane. Pincement au cœur. Ils s'interrompent en me voyant. Moment de flottement, je ne me sens pas à ma place dans cette cuisine qui fut jadis la mienne.

— Raphaëlle, te voilà !

Il m'étreint dans une accolade maladroite.

— Salut, papa. Lauriane.

— Salut, Raphaëlle, tu as petite mine, tu es fatiguée ?

Ne pas se laisser tromper par les apparences. Javotte n'en a rien à faire de ma santé, elle excelle dans l'art de balancer des vacheries sans en avoir l'air. Je suis malheureusement la seule à voir clair dans son jeu.

— J'ai beaucoup de boulot...

— Tu travailles tellement que tu n'as plus de temps pour ton vieux père...

J'oublie parfois qu'il a soixante et un ans, c'est encore un bel homme pour son âge, pourtant la roue tourne. Un jour il ne sera plus là. Et, même s'il est aujourd'hui plus un étranger qu'un père pour moi, cette pensée m'effraie.

— Michel, ta femme m'envoie, nous interrompt M. Marquet qui a dû assez se rincer l'œil, il faut descendre à la cave chercher du vin. Apparemment, tes voisins ont une sacrée descente !

— Les filles, je vous laisse. Raphaëlle, à tout à l'heure..., ajoute mon père à mon attention, mal à l'aise de partir alors que nous nous sommes à peine vus.

Je ne peux m'empêcher de sourire intérieurement devant l'ironie de la situation, j'ai l'impression d'avoir vécu cette scène tellement de fois. Je regarde par la fenêtre, pensive : la pelouse fraîchement tondue ; le parterre de fleurs avec les nains de jardin que Sylviane a installés à la place de l'ancienne balançoire que le Père Noël avait apportée pour mes trois ans ; le potager... Je me revois installée derrière cette même fenêtre, en train de faire mes devoirs, à regarder mon père bichonner ses légumes. Je crois que c'était son exutoire.

— Tu aurais pu faire l'effort de mettre une robe pour l'anniversaire de maman, me lance Lauriane. Ce n'est pourtant pas le genre de tenue qui manque à ta garde-robe si on en croit les photos de soirées mondaines que tu postes sur les réseaux...

Elle n'aura pas tardé à déclencher les hostilités.

— J'ai craint que ce soit trop élégant pour Millepertuis ! je réponds, ironique.

Nos relations eussent-elles été différentes si j'avais pu encadrer ma demi-sœur ne serait-ce qu'à demi ? Si elle n'avait pas été cette gamine de quatre ans ma cadette à qui on passait tout. La princesse à son papa chéri qui la couvrait de cadeaux pour faire oublier qu'il avait quitté sa mère pour sa secrétaire. Elle avait sept ans quand mon père a commencé à fréquenter Sylviane, l'âge que j'avais quand ma mère est morte.

— Tu devrais faire l'effort de venir le voir plus souvent..., continue ma demi-rien du tout.

— Merci pour tes conseils mais on ne t'a pas demandé ton avis, et surtout pas moi !

— Toujours prête à mordre... Pas étonnant que tu ne gardes jamais un mec si tu les traites comme ça !

— Et moi je m'étonne que tu parviennes à te trouver des mecs en étant aussi conne ! je réplique du tac au tac.

Il ne fallait pas me chercher.

— Ça va pas de me parler comme ça ! crie Lauriane, furieuse.

— C'est quoi ton problème ? Tu ne peux pas vivre ta vie et me foutre la paix ! Tu n'es pas bien chez papa ?

Pour elle, tout a toujours été facile, elle n'a jamais eu à se battre pour faire ses preuves, à peine sortie de l'école, son père lui a trouvé une place dans sa société.

— On vous entend de la salle à manger, qu'est-ce qui vous prend de vous donner en spectacle ? s'agace mon père en entrant en trombe dans la pièce.

Les apparences. Être dans le contrôle, encore et toujours.

— Ta fille m'a traitée de conne ! s'empresse de rapporter Lauriane.

Je dirais que j'ai utilisé un adjectif parfaitement approprié pour la qualifier. Tout est question de point de vue.

— Raphaëlle, ça ne va pas ! Tu dépasses les bornes !

Il me condamne avant même que je n'aie eu le temps de m'expliquer.

— Mais oui, bien sûr, c'est toujours la faute de Raphaëlle ! je m'énerve à mon tour. Tu ne te demandes pas ce qu'elle a pu me dire, *elle*, avant ?

— Tu n'es plus une enfant...

C'est pourtant elle qui a commencé.

— ... tu pourrais faire un effort, c'est l'anniversaire de Sylviane !

Qu'est-ce que j'en ai à faire des soixante ans de Sylviane ? Cet âge que maman n'atteindra jamais... comme les quarante et tous les autres. Trente-neuf ans, ce n'est pas un âge pour partir, pour abandonner une petite fille. La laisser seule dans ce monde si injuste.

— Fais des excuses à ta sœur et essayons de profiter de cette belle journée en famille.

Quelle famille ? Lauriane n'a jamais été ma sœur et ne le sera jamais.

— Je ne lui présenterai pas mes excuses, je réponds, fâchée. Ça fait trois mois qu'on ne s'est pas vus et tu ne trouves même pas cinq minutes pour me demander comment je vais !

— J'allais le faire si vous ne vous étiez pas chamaillées...

Lauriane se tient debout contre le plan de travail, elle se régale de la scène. J'aurais aimé avoir cette discussion en privé, mais elle n'a pas la délicatesse de partir ni mon père la présence d'esprit de lui demander de nous laisser seuls. Après tout, nous sommes une famille !

— La cave n'aurait pas pu attendre cinq minutes ? Vos invités allaient mourir de soif ? C'est toujours la même chose, je passe après les autres... après Sylviane, après *elle*, après les voisins maintenant !

— Calme-toi, Raphaëlle...

— Non, je n'ai pas envie de me calmer ! J'arrive à la maison et je me fais agresser ! Je viens de passer une semaine difficile, la promotion pour laquelle j'ai tant travaillé est allée à un morveux pistonné... comme Lauriane...

Au point où j'en suis, autant dire ce que j'ai sur le cœur.

— Laisse Lauriane en dehors de ça…

— De toute façon, qui ça intéresse ? Raphaëlle se débrouille très bien, elle s'en sort toujours ! Mais Raphaëlle est fatiguée, fatiguée de tout porter sur ses épaules.

Mon père me regarde, les bras ballants.

— Je ne vais pas rester pour les bougies, tu m'excuseras auprès de Sylviane, je lance avant de quitter la pièce, les jambes chancelantes.

Je sens les larmes arriver alors que je remonte dans ma voiture. J'ai envie de hurler pour libérer toutes les émotions qui me submergent. Je frappe mes mains sur le volant, je me fais mal. Si quelqu'un me voit, je vais passer pour une folle ! Je démarre. Quitter cet endroit au plus vite. J'ai l'impression que plus rien ne va dans ma vie. Que personne ne me comprend. Je me sens trahie. Valérie, Mathilde, Jérémy, papa… On klaxonne. Je lève la tête, le feu est vert. Dans le rétroviseur, un papi m'adresse des paroles que je ne comprends pas, je ne sais pas lire sur les lèvres. Nouveau coup de klaxon. Si même les personnes âgées ne respectent plus rien, où va le monde ? Je ne redémarre pas, papi est proche de l'infarctus. Le feu passe au rouge. Raphaëlle en a marre d'être la docile petite fille qui obéit.

Je n'ai pas envie de rentrer à mon appartement. J'aimerais partir où l'on ne me connaît pas, où personne ne me jugera. *Si tu étais là, tu aurais su quoi me dire, su me réconforter.* Il me vient soudain une idée. Un peu folle. Comme moi ?

Je pourrais aller chez tante Rachel, celle à qui on ne parle plus depuis des années ? L'autre mise à l'écart de la famille.

# DEUXIÈME PARTIE

# LES GRANDES ABSENTES

# Chapitre 12

## Trou normand

Il pleut, la nuit vient de tomber, ça fait trois heures que je roule, quatre si on compte le trajet depuis chez mon père. Après la « fête », je suis passée prendre quelques affaires à mon appartement, j'ai arrosé les plantes, signe d'un départ à durée indéterminée, et je suis partie. Mon GPS indique deux kilomètres. Je ne vois pas grand-chose, cependant c'est suffisant pour me rendre compte qu'il n'y a rien. Des bois, des champs, probablement quelques vaches. Un endroit paumé comme Millepertuis, version normande. Qu'est-ce qui m'a pris de venir ici ? J'aperçois enfin le panneau : « Lieu-dit des Patapans ».

Le numéro 18 est caché au fond d'une impasse. Pour ne pas être dérangé ? Je remonte l'allée avec mon sac, je me demande ce que je vais lui dire, je n'ai pas préparé de discours, pas de présentation PowerPoint, dommage, j'excelle en la matière.

La maison est éclairée. Je ne sais pas à quoi m'attendre. Un mari, des enfants ? Ils n'ont peut-être pas de chambre d'amis pour nièce perdue de vue. Ça m'arrangerait pourtant, je doute qu'il y ait un hôtel dans le village. Avec ma chance, ça ne sera même pas elle, j'ai trouvé l'adresse sur les Pages jaunes.

À mesure que j'approche, je ne suis plus aussi sûre de mon idée. Si elle refusait de me voir ? Ou si elle était méchante ? Tatie Rachel, la sœur cachée de Tatie Danielle. Je ne sais rien de cette femme qui a disparu de la cartographie familiale du jour au lendemain, mes souvenirs se limitent à quelques photos jaunies et la vague sensation d'un Noël passé ensemble, j'avais reçu une dînette dans une jolie valise cette année-là. On ne lui parle peut-être plus pour une bonne raison ?

Mon cœur tambourine dans ma poitrine, je frappe à la porte avant de changer d'avis. J'entends le bruit d'une clé qui tourne dans la serrure, la porte s'ouvre, je reste muette. La grande femme aux longs cheveux blancs qui se tient devant moi me fait penser à un personnage de conte. Un « gentil ». Je lis l'étonnement sur son visage, nous nous regardons en silence jusqu'à ce qu'elle demande dans un murmure :

— Raphaëlle ?

— Oui..., je réponds timidement, surprise qu'elle sache qui je suis.

— Tu *lui* ressembles beaucoup, ajoute-t-elle avec un sourire comme si elle pouvait lire dans mes pensées.

C'est la première fois qu'on me dit que je ressemble à ma mère. D'un autre côté, je ne vois pas qui aurait pu me le dire, je n'ai pas connu mes grands-parents maternels, Rachel était la seule sœur de maman et comme mon père évitait soigneusement d'aborder le sujet...

— Entre, il fait froid.

Je confirme, j'ai l'impression que je viens de débarquer à Arendelle*, le royaume de l'hiver éternel ! Si ça se trouve, ma tante va régler tous mes problèmes d'un coup de baguette magique. Arrête de délirer, Raph'. Je pose mon sac par terre, me déchausse et reste plantée dans l'entrée. Par où commencer ? « Hello, je passais dans le coin, je me suis dit que j'allais venir dire bonjour. » Comment expliquer mon irruption un soir de mars après plus de vingt ans ?

— Tout va bien ?

Tout va mal, ma vie est sens dessus dessous, j'ai envie d'hiberner pour les dix prochaines années, je ne savais pas où aller, alors je me suis dit pourquoi pas chez toi ? Entre bannies on devrait se comprendre.

Je réalise qu'elle est probablement autant décontenancée que moi et, logiquement, la première pensée qui lui vient à l'esprit est qu'il est arrivé quelque chose.

— Oui, ça va... J'espère que je ne te dérange pas, j'ai conscience de débarquer à l'improviste...

— Au contraire, c'est une très belle surprise. Installe-toi sur le canapé, nous serons mieux pour parler. Je peux te proposer un thé, un mélange de plantes fait maison, j'allais m'en faire un.

Tant que ce n'est pas du matcha.

— Avec plaisir.

Il n'y a pas un bruit dans la maison, juste le crépitement du feu dans la cheminée. Il semblerait que nous ne soyons que toutes les deux, je préfère pour nos

---

* Royaume fictif dans *La Reine des Neiges.*

retrouvailles. La pièce à vivre est aménagée dans un style rustique, ce n'est pas forcément le genre de déco que j'aurais choisie si on m'avait demandé mon avis mais je suppose que cela se prête bien à ce genre d'endroit (le genre à faire fuir Jonathan le goéland), en outre c'est plutôt chaleureux. Un livre est posé à l'envers sur la table basse, je l'ai sans doute interrompue dans sa lecture. Je l'observe discrètement alors qu'elle prépare nos tasses dans la cuisine. Gros pull en laine gris, jean, chaussettes et Birkenstock, une tenue que j'aurais pu porter, contrairement aux robes de Sylviane et ses amies. C'est une belle femme, même si on lit sur son visage que la vie ne l'a pas épargnée.

— J'ai souvent rêvé de ce moment, ton père et toi devant cette porte, même si j'y croyais de moins en moins le temps passant... Comment va-t-il ? demande Rachel en venant s'asseoir à côté de moi.

Il m'a envoyé un message quand j'étais sur la route. « J'espère que tu es bien rentrée. Bonne soirée. Papa » Il ne s'est pas foulé pour le texte. À cette heure, il doit s'apprêter à manger les restes du festin avec Sylviane et Lauriane. En famille. Je n'ai pas répondu, je conduisais, ça n'aurait pas été prudent.

Je n'avais pas réfléchi au fait qu'elle allait me poser des questions. Je n'ai pas réfléchi tout court d'ailleurs, j'avais juste besoin de fuir.

— Il va bien... on ne se voit pas très souvent. Il a sa vie, j'ai la mienne, je résume pour écourter la discussion.

— Parle-moi un peu de toi... Où est-ce que tu habites ?

J'apprécie qu'elle n'insiste pas. Il est trop tôt pour aborder certains sujets, cela ferait tache de s'effondrer à peine arrivée. Et puis ce n'est pas parce qu'elle m'a invitée à m'installer sur son canapé qu'elle souhaite m'entendre me lamenter sur mes problèmes familiaux. Le divan ne fait pas le psychologue !

— J'habite à Paris, j'y suis allée pour mes études et je n'en suis plus jamais repartie. Je travaille dans l'agroalimentaire, un job passionnant, je précise en forçant l'engouement, mais j'ai eu pas mal de boulot ces derniers temps, j'avais besoin de vacances… j'ai eu envie de venir te voir pour faire connaissance mais j'aurais peut-être dû te prévenir avant ? Je débarque avec mon sac…

— Je suis ravie que tu sois là, s'empresse de me rassurer Rachel. Lili aurait fait la même chose que toi, elle suivait son instinct et ses envies.

Lili est le diminutif d'Élisabeth, le prénom de ma mère. Il sonne affectueusement dans la bouche de sa sœur. Quand elle est morte, papa m'a dit qu'elle était montée au ciel, qu'elle nous regardait de là-haut. Puis il s'est enfermé dans sa bulle : le travail, la maison, le jardin. On parlait de moins en moins de maman, j'avais l'impression de le déranger avec mes questions, alors j'ai moi aussi progressivement arrêté. J'ai commencé à écrire dans un journal, il doit être quelque part dans le grenier, et j'ai scruté le ciel à la recherche d'un signe, d'une étoile filante.

— Tu es la bienvenue, reste autant que tu voudras…

La proposition semble sincère.

— Merci.

— Tu n'as pas froid ? Je chauffe à dix-neuf degrés, ça me convient, je n'ai pas l'habitude d'avoir du monde..., s'excuse presque Rachel.

— Non, ça va. Tu habites ici depuis longtemps ?

— Une vingtaine d'années. Il y aurait besoin de faire quelques travaux de rafraîchissement mais je me sens bien dans cette maison, Clozette et moi nous sommes apprivoisées. Je lui ai donné un petit nom, je trouve que c'est plus sympa étant donné le temps qu'on passe ensemble ! J'ai choisi celui d'une variété de pommes, clin d'œil à ma terre d'accueil.

L'idée me fait sourire.

— Et puis j'aime beaucoup la région. Si tu restes quelque temps, je te ferai découvrir les environs.

— Volontiers, je ne connais pas la Normandie.

Une semaine d'arrêt maladie, ça devrait nous laisser le temps de faire quelques visites. En plus, la doctoresse m'a conseillé de m'aérer, elle m'a autorisé des heures de sortie libres. Je crois que je suis au bon endroit pour ça.

— Au fait, ce soir c'est potage de légumes, ça te va ?

Sa spontanéité a quelque chose de réconfortant.

— Ça me va.

La soupe était délicieuse, comme la tarte aux pommes qu'elle s'est dépêchée de préparer pendant que je posais ma valise. Nous avons parlé de tout et de rien. Après le repas, je n'ai pas tardé, j'ai prétexté la fatigue de la route pour monter me reposer, en réalité c'est plus général. Grande lassitude de tout.

Rachel est délicate, elle sent que certaines questions dérangent, elle se contente de passer à la suivante. Je crois qu'elle fait tout pour me mettre à l'aise. Elle m'a installée à l'étage pour que je sois tranquille dans une chambre au style pour le moins pittoresque, avec du papier peint fleuri sur les murs. Ça fait longtemps que je n'en avais plus vu, il paraît que ça revient à la mode. Je pourrais faire un post ? #fairetapisserie. Un peu à l'image de ma vie en ce moment. Le mobilier est, lui aussi, vintage, qu'importe, je ne suis pas là pour la déco. Ma tante m'a donné une grosse couverture en laine en me mettant en garde. « Les nuits sont fraîches. » Je veux bien la croire sur parole, je ne suis pas certaine que mon thermostat interne s'accommode de dix-neuf degrés. Alors que je me blottis dans le lit, une petite voix me souffle que j'ai fait le bon choix en venant ici, et j'ai envie de la croire.

## Chapitre 13

## Sous surveillance

Je suis réveillée par la lumière du jour, je consulte mon téléphone, 7 h 30. Ça fait longtemps que je n'ai pas dormi aussi longtemps sans interruption. Je devrais peut-être songer à baisser les radiateurs chez moi ?

En sortant du lit, je suis assaillie par le froid, je vais attendre un peu avant de couper le chauffage. J'attrape un gros pull dans mon sac que je mets par-dessus mon pyjama et je descends en prenant soin de ne pas faire de bruit. Le salon est silencieux, les lumières éteintes, je décide d'aller faire un tour du propriétaire. J'enfile mes chaussures et mon manteau. La porte grince lorsque je l'ouvre, le charme des vieilles bicoques ! Je contourne la maison en essayant de marcher sur la pointe des pieds pour ne pas ruiner mes nouvelles boots en croûte de cuir de vache. J'ignore si elles sont normandes, en revanche je peux affirmer qu'elles m'ont coûté un bras. Trop tard, je sens que le bout de mes chaussettes est mouillé.

La campagne s'étale à perte de vue, baignée dans une brume diffuse derrière laquelle filtre un timide soleil de printemps. C'est beau, c'est vrai, mais ce serait suffisant en fond d'écran. Rachel habite la dernière maison du village, au-delà, la civilisation s'arrête. Qui sait ce qu'on y trouve ? Sauvageons ? Marcheurs blancs* ? Il se peut que j'aie passé trop de dimanches sous la couette à engloutir des séries.

L'air est vivifiant, j'inspire à pleins poumons, cela suffira peut-être à me régénérer, à balayer mes soucis, mes angoisses ? Il n'y a pas grand-chose dans le potager, juste une rangée de ce qui ressemble à des choux. Ils seraient photogéniques avec leurs fleurettes mauves. #savezvousplanterleschoux. Voilà que je m'émeus pour un légume, tu es vraiment désespérée, ma pauvre fille. À ce rythme-là, tu vas finir seule à raconter tes salades. Je me dirige vers le cabanon au fond du jardin, je regarde machinalement par la fenêtre, rien de particulièrement intéressant, des outils de jardinage comme chez mon père. Je m'attendais à trouver quoi ? Un jacuzzi où prendre une coupette avec ma tante ce soir ? Lorsque je me retourne, j'aperçois une forme à l'un des velux de la maison voisine. Un homme d'un certain âge agite son téléphone dans ma direction. Il cherche du réseau ? Je ne serais pas étonnée qu'ils soient encore à la 3G dans ce patelin.

— Bonjour ! je lance, polie.

L'homme rentre et referme la fenêtre sans s'encombrer des politesses d'usage. J'ai tout à coup un doute, je me demande s'il n'était pas en train de me prendre en photo. Pour quelle raison ? #papirazzi. Je n'ose imaginer de quoi j'ai l'air, accoutrée de la sorte !

---

* Référence à la série *Game of Thrones*.

— Bonjour…

C'est la voix de Rachel qui s'avance, emmitouflée dans un gros gilet en maille, une paire de bottes en caoutchouc aux pieds. Elle est coiffée, habillée et mieux équipée aussi.

— Bonjour. Je pensais que tu dormais encore…

— Non, je suis plutôt du genre lève-tôt même si je m'autorise quelques écarts l'hiver. Le jardin n'est pas à son avantage à cette période de l'année, poursuit Rachel en désignant le potager à moitié vide, il faudrait que tu reviennes aux beaux jours…

J'apprécie qu'elle évoque la possibilité d'un deuxième séjour.

— Que dirais-tu d'un petit-déjeuner pour démarrer la journée ?

— Avec plaisir, l'air frais m'a ouvert l'appétit !

J'abandonne mon müesli quotidien pour des tartines avec du beurre normand acheté dans une ferme voisine et de la gelée de groseille maison. La récolte a été bonne l'année dernière, Rachel a rempli vingt pots. Il faut savoir faire quelques entorses à ses propres règles. Le feu crépite dans la cheminée, nous prenons notre temps, j'en suis à mon deuxième café. Ma tante me raconte sa vie, je découvre une femme surprenante. Elle a été assistante commerciale dans une cidrerie, vendeuse de photocopieuses, puis de produits capillaires à des salons de coiffure – attention à ne pas confondre les cartouches de couleurs –, pour terminer sa carrière professionnelle en tant qu'auxiliaire de vie dans les villages alentour. À l'écouter me raconter ses anecdotes, elle a eu l'air de bien s'amuser. Côté vie sentimentale, elle a connu de belles histoires mais elle ne s'est jamais mariée, n'a pas eu d'enfant. Elle ne s'étend pas sur le sujet, chacune ses petits secrets. Elle termine son récit en me disant qu'elle a toujours préféré emprunter les chemins de traverse, j'aime beaucoup l'expression.

— Et toi, tu as un petit ami ? Ou une petite amie...

Inutile d'aller regarder dans mon carnet pour me rappeler que de ce côté-là non plus ce n'est pas la joie. Ces derniers temps, j'ai collectionné les mauvais plans : le mec égocentrique, celui à l'hygiène douteuse, et même monsieur flatulences qui jurait que ce n'était pas lui. C'était qui alors ? Moi ? #fuitedegaz.

— N'hésite pas à me dire si je suis trop indiscrète..., se sent-elle obligée de préciser comme je tarde à répondre.

— Non, c'est plutôt qu'il n'y a pas grand-chose à dire. Je suis sur un site de rencontre, je profite, je n'ai pas envie de me fixer pour le moment, au grand dam de ma belle-mère qui rêve d'être grand-mère ! Elle aura sans doute plus de chance avec Lauriane, sa fille...

— Je me trompe ou ce n'est pas la grande entente ?

— Disons que je ne me suis jamais trouvé beaucoup de points communs avec ma belle-mère et ma demi-sœur, pour ne pas dire aucun, et que j'ai décidé d'arrêter de faire des efforts... il y a un certain temps déjà, si je veux être honnête.

— Ce n'est pas évident de faire de la place à une nouvelle famille qu'on n'a pas choisie...

Rachel pèse ses mots, elle sent probablement que le sujet est délicat.

— Je devrais peut-être aller à la salle de bains, 10 h 30, ce n'est pas une heure pour être en pyjama ! je lance sur le ton de la plaisanterie en commençant à débarrasser.

Je préfère m'arrêter là aujourd'hui pour les confidences.

— Bien sûr, mais sache que tu peux passer la journée en pyjama si ça te chante. Ici, il n'y a aucune règle, aucune obligation.

Je médite cette dernière phrase en montant à l'étage. Existerait-il une école alternative de la vie où chaque adulte serait libre de faire comme bon lui semble, sans se soucier de la bienséance, du jugement des autres ? D'être lui-même.

Lorsque je redescends un moment plus tard, propre et habillée, j'aperçois Rachel dans le jardin, je décide d'aller la rejoindre. Je la trouve en discussion avec le fameux voisin.

— Ferdinand, je te présente Raphaëlle, ma nièce…

Je suis touchée qu'elle formule à voix haute le lien de parenté qui nous unit.

— Ah, c'est ta nièce…

On fait moins le malin, monsieur le pervers ?

— Bonjour, mademoiselle !

— Bonjour, je vous ai salué tout à l'heure mais je crois que vous ne m'avez pas entendue…, je réponds pour lui signifier « je t'ai très bien vu ».

— Désolé, je vous avais prise pour une voleuse…

— Une voleuse ? je répète, stupéfaite.

— Oui, j'ai cru que vous étiez en train de faire du repérage dans la cabane !

Et j'aurais volé quoi ? Une binette ?

— Donc vous m'avez prise en photo ? j'interroge en prenant soin de ne pas m'emporter.

Je ne voudrais pas que ma tante se brouille avec son voisin (parano) à cause de moi.

— Oui, au cas où, pour la police..., répond le vieil homme manifestement persuadé d'être dans son bon droit.

Et le droit à l'image, on en parle ?

— Merci mais ça ne sera pas nécessaire, Ferdinand..., intervient Rachel avec un sourire amusé.

— Comme on dit, mieux vaut prévenir que guérir ! s'autopersuade le voisin avant de nous saluer en faisant mine de retirer un chapeau qu'il ne porte pas et de rentrer chez lui.

— Il est un peu spécial, il a une fâcheuse tendance à surveiller tout le monde mais il n'est pas méchant...

Encore heureux qu'il ne morde pas ! À force de s'ennuyer dans les campagnes, les gens s'inventent des histoires pour pimenter leur existence.

J'aide Rachel à la préparation du déjeuner, un moment convivial mais aussi l'occasion de se laisser aller, l'air de rien, à quelques confessions. Lorsque j'ai remonté mes manches pour pétrir la pâte brisée, elle m'a interrogé sur mes plaques. Même si ces dernières s'estompent chaque jour davantage, elles sont toujours là. J'espère ne pas en garder de cicatrices. J'ai répondu « la fatigue » avec une petite moue. Je n'ai pas envie de mentir, de jouer la nièce qui va bien. Je me sens étonnamment apaisée ici, en confiance. C'est peut-être génétique ? Elle m'a répondu avec tendresse que l'air normand allait me faire le plus grand bien. C'est probable, et sa cuisine aussi. Ma tante n'utilise que des produits de saison ou ceux issus de précédentes récoltes, sa cave et son congélateur sont pleins.

C'est nouveau pour moi de cuisiner « en famille ». Je n'ai pas de souvenirs de papa et moi en train de préparer à manger, je crois qu'il était trop occupé pour avoir la patience de m'apprendre. À l'école primaire, le jour de leur anniversaire, mes camarades apportaient un gâteau fait avec leur maman, je n'apportais rien. Idem pour les soirées pyjamas, papa ne savait pas faire, alors il ne faisait pas et comme on n'invitait pas, je n'étais jamais invitée. Le cercle vicieux. Je lui en ai tellement voulu d'avoir fait de moi une petite fille différente des autres, puis c'est comme tout, on finit par s'y faire. On se forge une carapace.

Je fronce les sourcils en voyant Rachel vider la moitié du poivrier sur la tarte salée.

— Quand nous étions petites avec Lili, notre grand-mère nous répétait que c'était comme ça qu'on gardait un mari !

— Avec du poivre ? je questionne, perplexe.

— Il paraît que ça rend amoureux. C'est sans doute vrai, papi Jeannot était loin d'être un romantique !

À noter dans mon carnet si un jour je finissais par tomber sur quelqu'un avec qui j'aurais envie de faire un bout de chemin.

— Comme nos parents travaillaient beaucoup, nous allions souvent passer les vacances chez eux. Il me filait les chocottes avec sa grosse voix, alors Lili inventait des histoires pour me rassurer. Les objets de la maison se paraient de superpouvoirs pour nous protéger. Le petit chat roux au point de crochet était toujours prêt à bondir hors de son cadre pour se transformer en un impitoyable lynx...

Elle sourit à l'évocation de ce souvenir, je bois ces paroles. C'est étrange de me dire qu'elle a connu maman.

— ... et il y avait la femme à barbe, la mère de papi Jeannot, dont le portrait hantait le salon. Lili m'a raconté un jour que c'était une fée qui lui avait lancé un mauvais sort pour la punir d'avoir donné cette grosse voix à papi. Ta maman a toujours eu une imagination débordante !

Je repense aux histoires qu'elle me racontait le soir pour m'aider à m'endormir, je donnerais cher pour entendre à nouveau sa voix rassurante.

— Je suis désolée, ça te dérange peut-être que je parle d'elle ? s'interrompt Rachel en voyant soudain briller mes yeux.

— Non, ne t'arrête surtout pas... il me reste peu de souvenirs, et ce sont ceux d'une enfant. Je me rends compte que je ne sais rien de ma mère, de la petite fille qu'elle était, de la femme qu'elle est devenue.

— Je peux te la raconter si tu le souhaites.

## *Il était une fée…*

*Nous avons grandi dans un village de Seine-et-Marne semblable à celui-ci, quelques habitations en plus. C'était une autre époque, la vie était plus rude mais on n'y était pas moins heureux pour autant.*

*Ton grand-père travaillait dans une ferme, un travail physique pour lequel il ne se ménageait pas, il fallait nourrir la famille. Il rentrait souvent éreinté le soir et, pendant les moissons, on le voyait à peine. Je crois qu'il nous aimait à sa façon, cependant les démonstrations d'affection ne faisaient pas partie de notre quotidien. Il est mort à quarante-quatre ans, usé par le labeur.*

*Ta grand-mère était employée de maison au service d'une famille d'éleveurs de volailles. C'était une femme généreuse, une maman aimante mais elle, aussi, était peu disponible. Elle m'a transmis le goût de la cuisine et de la pâtisserie.*

*Nous menions une existence simple, toutefois, nous ne manquions de rien d'essentiel. Lili et moi partagions la même chambre, ce qui ne m'a jamais dérangée.*

*De deux ans mon aînée, elle était ma grande sœur, mon modèle.*

*Il n'y avait aucun commerce au village, la boulangerie et l'épicerie se trouvaient à deux kilomètres. Nos parents se déplaçaient à mobylette, nous à pied ou à vélo plus tard. Il fallait parcourir trois kilomètres pour se rendre à l'école. Nous faisions le trajet avec nos camarades, je garde un souvenir joyeux de ces moments de jeux et de liberté. Une fois par semaine, le lundi, nous passions sur le chemin du retour à la boulangerie acheter deux roudoudous avec l'argent que maman nous donnait le dimanche.*

*Élisabeth était bonne élève mais c'était une petite fille espiègle qui prenait un malin plaisir à faire le pitre pour amuser les autres. Elle était le boute-en-train de la classe. J'étais plus réservée, plus sage, rapportant souvent à la maison les précieuses images distribuées avec parcimonie par le maître.*

*Lili était également généreuse et attentive aux autres, à moi particulièrement. Sans elle, mon enfance n'aurait pas été aussi belle.*

*Je me souviens d'un spectacle d'école pour lequel nous devions être déguisés :* La Forêt enchantée. *Je rêvais d'avoir des ailes de fée comme ma camarade Suzanne Marchand, la fille des éleveurs de volailles, mais chez nous l'argent était compté et il était hors de question de jeter par la fenêtre les francs durement gagnés. Ta grand-mère avait eu l'idée de me déguiser en fantôme avec les chutes d'un vieux drap. Pratique et économique. Je crois que j'étais le fantôme le plus triste de la Terre, alors Lili s'est mise en tête de me fabriquer des ailes de fée. Elle a subtilisé deux cintres métalliques à maman auxquels elle a donné une forme d'aile, puis elle a découpé une paire de collants chair également « empruntée » à notre mère pour leur donner de la matière. Elle était très douée de ses mains. Et pour la touche finale, elle a ajouté quelques plumes de geais ramassées dans la nature qu'elle gardait précieusement dans une petite boîte métallique. À l'époque, les trésors n'étaient pas forcément faits de métaux et de pierres précieuses. J'imagine que le résultat devait être approximatif mais à mes yeux, c'étaient les plus belles ailes de fée du monde. Je me souviens encore de ce sentiment de fierté dans mon costume sur l'estrade le jour du spectacle.*

*Élisabeth s'est malheureusement fait punir lorsque notre mère a découvert le pot aux roses, privée d'argent de poche pendant un mois. Alors, chaque lundi pendant quatre semaines, je lui ai donné mon précieux coquillage.*

*Ta maman avait le don de mettre de la magie dans le quotidien. À compter de ce jour, elle est devenue ma bonne fée, et elle n'a jamais cessé de l'être.*

# Chapitre 14

## Air iodé

Je me suis réveillée à 5 h 30 ce matin, mon corps est réglé comme un iPhone ! Le lundi, en temps normal, je devrais me préparer pour aller au bureau, endosser le rôle de la super *working girl* infatigable, cette fille qui me tient compagnie depuis des années. Au lieu de cela, à 5 h 40, j'envoyais mon arrêt de travail à Valérie depuis mon lit. Mon beau costume s'est déchiré, j'aurais bien besoin d'ailes de fée.

Je me suis installée dans le salon pour faire une vidéo de gym, avec des sauts ! Jérémy m'a envoyé un message hier soir, enfin plutôt un reproche. « Tu y es allée un peu fort avec Mathilde. » Je ne sais pas ce qui m'énerve le plus, que Mathilde soit venue pleurer sur son épaule ou qu'il prenne sa défense ? « Elle n'a pas été tendre non plus ! » Il n'a même pas demandé comment j'allais ! Je mets tellement d'énergie à faire mes *jumping jacks* que je pourrais toucher le plafond. Si mes deux meilleurs amis se liguent contre moi, alors que me reste-t-il ? Je ne sens pas passer la série de *burpees*. « Et sinon on parle du fait que vous vous organisez des petits apéros entre potes sans moi ? », « Tu n'es jamais dispo… on a fini par décider d'aller prendre un verre tous les deux. Où est le problème ? ». Sérieusement ? Je me défoule sur les *double crunchs.* « Forcément, c'est moi le problème ! », « Ce n'est pas ce que j'ai dit mais ça ne te ferait pas de mal de te remettre en question parfois… ». Il peut se les mettre où je pense ses trois petits points ! Je donne tout sur les *mountain climbers*, je dois être proche du sommet de l'Everest. Le problème avec WhatsApp est que la conversation peut rapidement déraper. On perçoit les mots de l'autre à travers notre humeur du moment. Il n'y a pas d'intonation derrière les lettres, pas d'émotion, les nouvelles technologies n'en sont pas là. Et chaque virgule mal placée, chaque point d'exclamation peut s'avérer fatal. J'en ai mis cinq dans mon dernier texto. « Tu sais quoi, trinquez à ma santé en disant tout le mal que vous voulez de votre mauvaise amie !!!!! » Je suis assise sur une chaise imaginaire lorsque Rachel entre dans la pièce vêtue de son pyjama.

— Ne t'arrête surtout pas pour moi !

Je me lève de ma non-chaise.

— J'avais terminé, j'en ai assez fait pour aujourd'hui.

— De la gym à 6 heures du matin, ma nièce est un modèle de discipline.

— C'est un bon moyen de démarrer la journée, après je me sens plus en forme… et ça me permet de canaliser mon énergie.

Rachel ne fait aucun commentaire.

— Il va faire beau, ça te tente une journée à la mer ? C'est à quarante minutes de route.

Deux heures plus tard, nous sommes en chemin pour Cabourg. Je n'y suis jamais allée. J'ai l'impression d'être Vic dans *La Boum*, à ce détail près que je ne pars pas avec Poupette, ma géniale et fantasque arrière-grand-mère, mais avec ma tante qui ne ressemble à aucune autre femme que je connais. Son naturel et sa spontanéité contrastent avec mon obsession du contrôle, de la performance. Je ressens une excitation enfantine à l'idée de cette escapade, et plus encore lorsque je songe à mes collègues enfermés entre quatre murs de verre. Curieusement, ça ne me manque pas. La doctoresse avait raison, j'ai besoin de faire une pause.

Je tombe instantanément sous le charme de la station balnéaire, les villas Belle Époque, le centre-ville et ses petits commerces et, bien sûr, la plage qui s'étend à perte de vue. Nous ne sommes qu'à quelques heures de Paris, pourtant cela suffit à me dépayser comme si j'étais partie au bout du monde. À l'île Maurice ? J'en profite pour faire un post, cela fait trois jours que je n'ai rien publié sur les réseaux, une éternité. #baindemer #appuyersurpause #cabourg. Et tant pis si les gens jasent au bureau, c'est leur sport favori. La promenade Marcel-Proust est déserte, Rachel m'explique que les week-ends d'été il est difficile d'y circuler, elle me raconte l'histoire de la ville, les illustres personnages qui ont un jour posé leurs valises ici, très souvent au Grand Hôtel. J'ai une pensée pour Vic en passant devant les cabanes de la plage des romantiques, c'est probablement dans l'une d'entre elles que Mathieu l'a plantée pour une nuit tout sauf romantique. La première fois que j'ai vu le film, c'était chez Mathilde. Petit pincement au cœur. C'est bête d'être rancunière.

Je contemple la mer tandis que Rachel me sert un verre de vin blanc. Nous sommes installées à l'intérieur, il fait trop froid pour déjeuner en terrasse. Il y a quelques semaines, je n'aurais jamais imaginé déguster un plateau de crustacés en tête-à-tête avec ma tante. Je songe à Brune qui trouvait l'idée banale, il faudrait être sacrément difficile. Penser à elle me renvoie à ma réalité. Je me sens tout à coup moins légère, la petite boule dans ma gorge n'est jamais loin, l'équilibre est précaire.

— J'ai un peu embelli le tableau samedi quand je t'ai parlé de mon job...

Le sourire bienveillant qu'elle m'adresse m'encourage à poursuivre. Alors je me lance, je lui parle de mes ambitions professionnelles quand j'ai intégré Uneco, mon engagement sans faille, souvent au détriment de ma vie privée, Valérie, cette promotion que j'espérais tant et puis la claque, le poste qui revient à Anthony pistonné par le grand boss misogyne, les désillusions.

— Aujourd'hui, je ne sais plus quelle histoire je raconte..., j'ajoute, ironique, pour conclure mon monologue.

— C'est normal, tu es déçue, tu te sens trahie, il va te falloir un peu de temps pour démêler tout ça.

— Je me sens surtout stupide d'avoir été si naïve ! D'avoir cru aux belles paroles de ma boss, j'ai la sensation de m'être fait exploiter...

— Tu n'es malheureusement pas la première à tomber dans le piège. Les entreprises demandent toujours plus à leurs employés sans se soucier des conséquences, souvent en échange de rien ou si peu comparé à l'effort consenti. Paradoxalement, alors que les moyens mis à disposition des salariés se modernisent chaque jour davantage, les conditions de travail ne cessent de se détériorer ! Cherchez l'erreur.

— C'est exactement ça, si tu voyais la tour de verre dans laquelle je passe mes journées… j'en connais des princesses qui troqueraient leur château pour y habiter !

La comparaison semble amuser Rachel.

— Et en même temps… je m'en veux de ne pas avoir réussi à décrocher ce poste, je me sens nulle…

Décidément, l'air normand me pousse à la confidence. Je ne saurais dire pourquoi mais les choses semblent plus simples ici, je me pose moins de questions, je ne me sens pas jugée.

— Nulle de ne pas avoir obtenu le job qui aurait fait de toi une personne corvéable à merci d'un patron misogyne ? Je comprends ta frustration, plaisante ma tante qui parvient à me décrocher un sourire.

— Vu comme ça…

— Raphaëlle, la vie n'est pas un soufflé ! Notre monde ne s'effondre pas parce qu'un grain de sable est venu enrayer la mécanique. J'ai même tendance à penser que, souvent, c'est le destin qui nous envoie un signe.

— Qu'est-ce que tu veux dire ?

— Eh bien, le moment est peut-être venu de te demander si travailler pour un grand groupe comme Uneco est ce que tu souhaites, au risque d'y sacrifier le reste, parce que ce n'est pas en gravissant les échelons qu'on va t'en demander moins…

C'est à peu de chose près ce que m'a dit Mathilde. Cette pensée est vertigineuse, elle viendrait remettre en question toutes mes certitudes. Tout le plan.

Rachel a tenu à m'inviter. À charge de revanche. Alors qu'elle est partie régler l'addition au comptoir, je lis les commentaires sous ma photo : « Veinarde ! », « Quelle chance ! », « Bonnes vacances ». Ils auraient plutôt dû écrire « Bon *burn-out* ! », même si la doctoresse ne l'a pas formulé ainsi, j'ai fait mes petites recherches sur Internet, je coche toutes les cases.

— Tu crois que je devrais donner ma démission et chercher un autre boulot ailleurs ? je demande alors que nous longeons la promenade pour regagner la voiture.

— Laisse-toi un peu de temps, je crois surtout que tu es très exigeante avec toi-même.

Elle n'a pas idée.

## Chapitre 15

## Tricher n'est pas jouer

Il pleut en continu depuis que j'ai ouvert les volets ce matin. Mars se défoule, c'est le dernier jour pour les fameuses giboulées, alors il donne tout. Pour autant, ce n'est pas pesant, j'apprécie d'être au chaud, à côté du feu de cheminée. Le temps semble s'écouler différemment aux Patapans. Ici, pas d'agenda électronique, de réunion de dernière minute ou de soirée mondaine, je m'autorise à ne rien faire, j'écoute mon corps, et je savoure de prendre de vrais repas. Rachel dit qu'il faut que je me remplume, je sens que je vais rentrer avec quelques kilos en plus sur la balance. Je me suis encore réveillée tôt mais j'ai bien dormi, je ne me suis pas levée en pleine nuit pour répondre à des mails. C'est un progrès. D'ailleurs, sur les précieux conseils de ma tante, je résiste à la tentation d'ouvrir ma messagerie professionnelle. « Tu es en arrêt maladie. » C'est reposant de ne plus avoir à être cette fille toujours dans le contrôle.

Après le déjeuner, Rachel m'a proposé de l'accompagner « pour une course », l'occasion de découvrir

Tressoire, la ville. Une fois sur place, je dirais plutôt qu'il s'agit d'un grand village avec quelques commerces de première nécessité. Ça me rappelle ma jeunesse à Millepertuis. Je me demande comment j'ai fait pour tenir jusqu'à mes dix-huit ans dans un désert commercial ! Nous commençons par la supérette. Voyons le côté pratique, vu la taille du magasin, ça ne sera pas long. L'assortiment limité facilite forcément la prise de décision. C'était mal connaître ma tante qui s'arrête pour échanger un mot aimable avec chacune des personnes que nous croisons, jusqu'à Jeanine, la caissière, qui encaisse notre paquet de Figolu. Je suis surprise que Rachel achète ce genre de biscuits, je l'aurais plutôt vue les préparer elle-même avec des figues de son jardin. Ensuite, direction la pharmacie, où ma tante prend place dans la file « avec ordonnance ». Je me demande d'où sortent tous ces gens. Probablement des évadés d'un EHPAD du coin. Pour patienter, je fais le tour de l'officine, plusieurs fois. Ce n'est pas vraiment l'endroit le plus fun pour faire du shopping. Je pourrais m'acheter des vitamines ou des compléments alimentaires. Je manque forcément de quelque chose. Et je ne dois pas être la seule vu la taille du rayon. Mais de quoi ? Rachel met fin à mon dilemme en s'avançant vers moi, un sac à la main. J'espère qu'elle n'est pas malade au moins ? Nous ne sommes pas assez intimes pour que j'ose lui poser la question.

— Prête pour la suite du programme ?

Son ton enjoué me laisse penser que ça ne doit pas être si grave. Je hoche la tête en signe d'approbation, contente de me laisser porter. Alors que nous roulons vers une destination inconnue, je sens mon téléphone vibrer dans la poche de mon jean, je le sors machinalement, le cerveau humain est conditionné ainsi. Vibration, réaction. En découvrant le nom de l'expéditeur du message, je ne sais franchement pas à quoi m'attendre.

AGATHE
J'ai appris que tu étais arrêtée... une sorte de varicelle, m'a dit Brune ??

À être déçue. C'est parti pour radio-lino ! On ne met plus de moquette dans les bureaux d'entreprise.

— Elle ne manque pas de culot ! je m'offusque à voix haute sans même m'en rendre compte.

— Qui donc ?

— Ma boss, elle s'est servie de mes boutons pour expliquer mon arrêt ! Et de quel droit s'est-elle sentie autorisée à en parler ? Ça relève du secret médical...

— C'est forcément mieux pour elle que de parler de surmenage, elle assure ses arrières...

— Je suppose. Et ma copi... collègue des ressources humaines répand bêtement l'information ! je lâche, exaspérée.

— C'est effectivement frustrant et loin d'être professionnel, cependant inutile de te torturer l'esprit avec ça maintenant, tu ne pourras rien y changer. Essaie de prendre de la distance, il sera temps à ton retour de tirer des conclusions...

On a beau fuir, nos préoccupations finissent toujours par nous rattraper. Merci, les nouvelles technologies !

Néanmoins, c'est vrai, inutile de gâcher mon séjour pour ces gens qui n'en valent pas la peine.

— Tu as raison.

Nouveau bip. Je regarde aussitôt le message. Serions-nous devenus les nouveaux rats de laboratoire ?

JÉRÉMY
Tu boudes ?
RAPHAËLLE
Non.
JÉRÉMY
Ça y ressemble. ;)
RAPHAËLLE
Je suis occupée, c'est tout…

— Encore ta collègue ?

— Non, c'est personne…, je réponds en rangeant mon téléphone dans ma poche.

Je sens que ma détermination commence à flancher mais je lui en veux encore, il est trop tôt pour sortir le drapeau blanc. Dommage, je suis sûre qu'avec son humour grinçant il aurait trouvé le moyen de me faire rire de la situation.

— C'est fou comme « personne » peut nous prendre la tête parfois…, remarque ma tante, l'air de rien.

C'est tellement vrai. Je laisse échapper un sourire.

Rachel se gare devant une maison où je ne voudrais pas habiter même si on me payait, dans un patelin dont le nom m'a échappé.

— Le mardi, c'est le jour de visite à Marcelle, annonce Rachel naturellement en attrapant le paquet de gâteaux et le sac de médicaments. Tu m'accompagnes ? Ça risque de prendre un peu de temps…

— Je croyais que tu étais à la retraite ? j'interroge, incrédule, en descendant à mon tour de voiture.

— La retraite, c'est un truc pour les personnes âgées ! réplique ma tante en m'adressant un clin d'œil.

Elle frappe trois coups à la porte avant d'entrer comme si elle était chez elle. Je l'imite même si le vestibule suffit à me dissuader de vouloir en découvrir davantage. « C'est Rachel. » La déco ne me dit rien qui vaille, la gardienne des lieux semble être restée coincée dans une faille spatio-temporelle, au siècle dernier. Bien avant les années disco ou yé-yé. Elle répète plus fort « c'est Rachel », j'en déduis que Marcelle doit être sourde. C'est probablement une antiquité à l'instar de tous les objets qui m'entourent.

— Bonjour, Marcelle, je suis venue accompagnée aujourd'hui, je te présente Raphaëlle, ma nièce.

— Pas de souci, je rajoute un chevalet ! répond la vieille dame avec panache. Sois la bienvenue, Raphaëlle, les amis de Rachel sont mes amis. Et la famille aussi.

J'aperçois un plateau de Scrabble sur la table, je suis tombée dans un traquenard !

— Je range les médicaments dans le tiroir et j'ai trouvé tes Figolu, commente ma tante visiblement à l'aise dans cette cuisine qui n'est pas la sienne.

— Merci, tu es adorable. L'eau doit être chaude, tu peux nous servir… et prends une tasse pour notre invitée ! réplique Marcelle avant de poursuivre à mon attention : Ne reste pas debout, ma grande, assieds-toi.

Ce n'est pas comme si j'avais le choix ! Je me vois mal rentrer à pied, d'autant que je n'ai aucune idée de l'endroit où je me trouve.

— Non, pas là, c'est la place de ta tante ! m'arrête la dame à la mise en plis alors que je m'apprête, semble-t-il, à commettre l'irréparable. Ici aussi il y a des codes.

— Désolée, je m'excuse en prenant place sur la troisième chaise devant laquelle est placé un chevalet.

J'aurai au moins appris un mot aujourd'hui. Pas sûr cependant que j'arrive à le recaser dans un cocktail.

Après une brève explication des règles, la partie commence et je me retrouve malgré moi à piocher des lettres dans le petit sac. Rachel est chargée de compter les points, on ne plaisante pas avec le Scrabble. Elle a tracé trois colonnes sur une feuille de papier à côté de ce que je devine être d'anciennes grilles, remplies de nombres.

— Quand est-ce que la partie est terminée ? j'interroge pour évaluer mon calvaire.

— Quand il n'y a plus de lettres à piocher ! s'empresse de m'éclairer Marcelle.

C'est ce que je craignais.

Quatre tours de jeu plus tard, force est de constater que la mamie est loin d'être aussi sénile que je le pensais. Elle a déjà placé un mot compte triple. Il ne faut pas se fier aux apparences. En piochant, j'essaie discrètement d'évaluer le nombre de lettres qu'il reste dans le pochon. Beaucoup.

— Prends un chocolat, ma grande..., propose Marcelle en désignant la petite coupelle posée sur la table.

C'est trop tôt pour Pâques, il s'agit probablement de chocolats de Noël. Reste à déterminer de quelle année.

La fille bien élevée que je suis ne peut toutefois pas refuser. Par précaution, j'en choisis un emballé, il est plutôt bon finalement. La bouche pleine, je fronce les sourcils en la voyant placer « ENUYAIS ». J'interroge Rachel du regard, l'air de dire : « Qui se charge de lui préciser qu'"ennuyer" prend deux "N" ? », mais elle me fait signe de laisser couler. Elle préfère sans doute éviter de la froisser, cependant je ne suis pas certaine que ce soit lui rendre service. L'intérêt de ce jeu n'est-il pas justement de stimuler l'activité cérébrale ?

Septième tour. Rachel m'explique que c'est leur rituel du mardi, elle fait de petites courses pour Marcelle qui tient à rester dans sa maison aussi longtemps qu'elle le pourra. Ensuite, elles font une partie en buvant un thé et en dégustant quelques douceurs. Je m'en veux d'avoir pensé qu'elle me servait des chocolats périmés. Je devine que les courses sont un prétexte pour lui tenir compagnie, les journées doivent sembler longues. Ma tante est une femme généreuse, qui n'hésite pas à donner de son temps libre pour les autres, sans attendre de contrepartie.

— Reprends un chocolat…, propose à nouveau Marcelle en me mettant la coupelle sous le nez.

Je me laisse tenter de bonne grâce. Alors que je déguste un caramel, Marcelle place « KIOUI » sur le plateau. Cette fois, c'est trop gros pour passer pour une faute d'orthographe. Je viens de comprendre son manège, Marcelle est loin d'être gâteuse, elle sait parfaitement ce qu'elle fait et m'offre chaque fois une douceur pour mieux me faire avaler la supercherie.

— Mot compte triple, annonce la tricheuse sans la moindre gêne. Tu notes, Rachel !

— Bien sûr ! s'empresse de répondre ma tante.

— Maintenant, veuillez m'excuser, mesdames, mais je dois vous abandonner un instant...

— On est d'accord qu'elle triche ? je chuchote à Rachel alors que nous sommes seules.

— Gagner au Scrabble, c'est son petit plaisir à elle, répond ma tante amusée.

— Je dois saluer son talent, elle le fait avec brio !

— Il ne t'est jamais arrivé de tricher ? me taquine ma tante.

Je crains même que ce soit devenu une seconde nature chez moi. Je devrais peut-être proposer un chocolat à papa avant de lui avouer que j'ai raconté au travail qu'il était négociant en métaux précieux ?

— Ta mère n'hésitait pas à transgresser les règles lorsqu'elle estimait que la cause en valait la peine. Fais-moi penser à te raconter l'épisode du coq du père Crapard, me souffle Rachel alors que la future gagnante est de retour.

La cause en vaut-elle la peine ? Je songe aux paroles de Mathilde vendredi, celles qui m'ont fait mal. Il n'y a que la vérité qui blesse. Et, pour la première fois, j'accepte de considérer les choses sous un nouvel angle : je me suis inventé des origines pour me faire accepter de mes collègues. Il est temps d'arrêter de me mentir.

## *Le coq du père Crapard*

*Tout est parti d'une bribe de conversation, une phrase qui ne nous était pas destinée.*

*C'était l'automne, les arbres commençaient à perdre leurs feuilles et les températures à dégringoler. Nous rentrions de l'école. Comme il faisait sec, nous avions décidé d'emprunter le raccourci qui passait derrière la ferme, pressées d'aller engloutir notre goûter, un biscuit et un verre de lait. Cent pour cent pur vache, prélevé directement à la source, le pis de l'animal.*

*Mme Duchemin rentrait ses draps qui avaient séché au grand air toute la journée en échangeant quelques banalités avec le père Crapard qui bêchait son jardin. Ça parlait premières gelées, salades d'hiver, soupe à l'oseille, autant de sujets qui ne nous intéressaient pas, jusqu'à cette phrase : « Ce week-end, la patronne fait son coq au vin ! »*

*Il n'était pas nécessaire de connaître les détails de la recette pour deviner que le pauvre animal qui s'égosillait chaque matin allait y passer. Élisabeth trouva injuste qu'il soit sacrifié au nom de la panse du père Crapard qui avait un assez gros ventre comme ça, alors elle se mit en tête de sauver le gallinacé.*

*Il ne restait pas beaucoup de jours avant que l'odieux crime ne soit commis, il fallait faire vite. Le soir même, Lili échafauda un plan qu'elle soumit à Jean-Paul et moi le lendemain matin sur le trajet de l'école. Elle avait besoin de complices pour l'aider à accomplir sa mission de sauvetage. Le fils du cantonnier, toujours dans les mauvais coups, ne mit pas longtemps à se laisser convaincre. Quant à moi, ce n'était qu'une simple formalité, comme chaque fois, j'étais acquise à la cause de ma grande sœur.*

*Je monterais la garde pendant qu'Élisabeth et Jean-Paul entreraient dans le poulailler pour se charger de l'extraction de l'animal. Ils ne seraient pas trop de deux face à la demi-douzaine de poules. Nous agirions le lendemain soir, au retour de l'école.*

*Le jour J, l'opération s'avéra plus délicate que prévu, cet idiot de coq refusant d'entrer dans le sac en toile de jute que nous avions prévu pour le transporter. Et les poules qui, de toute évidence, ne se rendaient pas compte que nous étions en train de sauver la tête de leur Don Juan sur pattes s'agitaient dans tous les sens, au risque d'ameuter le quartier. Jean-Paul finit enfin par l'attraper, l'affaire était dans le sac !*

*Au moment de partir, la question se posa de savoir si nous devions laisser la porte du poulailler ouverte afin de rendre leur liberté aux poules. Toutefois, après une évaluation rapide de la situation et des risques – finir dévorées par un renard dehors alors qu'ici elles étaient logées, nourries, blanchies, en échange d'une dîme d'un œuf quotidien –, il fut décidé à l'unanimité de laisser les cocottes où elles étaient.*

*Nous relâchâmes le coq dans le bois à la sortie du village, aucun de nous ne le revit par la suite. Il a peut-être fini dans la gueule d'un renard mais, au moins, il aura eu sa chance alors que contre le père Crapard, le combat était truqué.*

*Le lendemain matin, n'entendant pas chanter son futur déjeuner dominical, le vieux cria au vol et ne tarda à nous soupçonner, la voisine nous ayant vus rôder autour du poulailler. La traîtresse.*

*Papa nous demanda au dîner si nous avions quelque chose à voir avec le vol de l'animal. Si c'était le cas, nous allions avoir une punition dont nous nous souviendrions longtemps ! On entendait les mouches voler autour de la table, mes mains moites peinaient à tenir ma cuillère et puis ta maman a ouvert la bouche. Elle s'est offusquée que nous soyons ainsi accusées à tort et a juré sur la tête de ce pauvre coq (elle m'a rassurée plus tard dans notre chambre en précisant qu'elle avait croisé les jambes) que nous n'avions rien à voir avec sa disparition, il pouvait vérifier auprès de Xavier puisque nous étions ensemble. Elle avait dit ça avec un tel aplomb que j'aurais pu la croire. Xavier Lenoy était comme un joker dans un jeu de cartes. C'était le fils du maire, de l'autorité locale, il était donc intouchable. Fin de la discussion. Il ne restait plus qu'à le convaincre.*

*Tout ce petit groupe était plus âgé, mais je traînais souvent avec eux, et comme j'étais la sœur d'Élisabeth, ils m'acceptaient. À l'époque, ils entraient dans l'adolescence, les hormones commençaient à les travailler. L'honorable fils du maire accepta de nous fournir un alibi en échange d'un baiser derrière l'église. Ce serait le seul qu'il obtiendrait jamais de ta maman.*

*Quant à Mme Duchemin, on raconte qu'on l'a vue s'emporter un jour de printemps après de satanés oiseaux qui se seraient soulagés sur ses draps propres. Il n'y avait malheureusement aucun témoin de l'affaire.*

*Il est parfois judicieux d'arranger la vérité pour défendre une noble cause.*

# Chapitre 16

## Trésor

Rachel est allée rendre visite à Jean, un autre de ses petits protégés qui fêtera ses quatre-vingts printemps la semaine prochaine, mais je ne l'ai pas accompagnée ce matin. Elle a ressorti quelques affaires ayant appartenu à maman, elle a pensé que j'aimerais être tranquille pour les découvrir, une délicate attention. Elles m'attendent dans son bureau.

Je tourne nerveusement dans la maison, je repousse l'échéance. J'ai fini par écrire à Mathilde, il n'y a que les imbéciles qui ne changent pas d'avis. Je ne peux pas rester brouillée longtemps avec elle, elle me manque trop. Sa réponse n'a pas tardé, elle va bien. Je lui ai expliqué que j'étais chez ma tante en Normandie, elle était contente pour moi. On se voit à mon retour. Je me sens allégée d'un poids. Je n'ai pas parlé de Jérémy, j'ai préféré éviter les sujets qui fâchent.

La première pensée qui me vient à l'esprit lorsque j'entre dans la pièce exiguë est que Marie Kondo* devrait

---

* Consultante spécialisée dans le rangement.

venir mettre un peu d'ordre dans ce « bureau ». Ma tante semble y entasser tous les objets dont elle n'arrive pas à se séparer : une platine vinyle, un lisseur à cheveux, de vieilles casseroles, une imprimante d'un autre siècle, un buste de couture piqué d'épingles, un téléphone gris à cadran, une malle en bois, des sandales à plateforme... Elle a laissé sur la petite table ce qui pourrait m'intéresser, des albums photo ainsi qu'une boîte à biscuits. Je ressens une excitation fébrile en m'approchant, il n'y aura qu'une première fois, une seule première rencontre, après les choses n'auront plus la même saveur. J'attrape la pile, et m'assieds en tailleur sur le sol.

Je commence par la boîte métallique. Elle contient des cassettes, les étiquettes de certaines ont été écrites à la main, des compilations « maison », je donnerais cher pour connaître les musiques que ma mère écoutait dans sa jeunesse. Dommage qu'il n'y ait pas un vieux poste-radio cassette qui traîne sur une de ces étagères. Enfin, encore faudrait-il qu'il marche. D'autres portent les jaquettes officielles : Michel Berger, France Gall.

Je passe rapidement le premier album, des portraits jaunis réalisés par un photographe professionnel : des mariés, des bébés joufflus, des photos sur lesquelles tout le monde est bien habillé, probablement pour une occasion particulière. On esquisse un sourire mais on ne rit pas. L'arbre généalogique de ma famille.

L'émotion me gagne dès que j'ouvre le deuxième, je la reconnais tout de suite. La joie de vivre des deux jeunes filles et leur complicité sautent aux yeux. Elles posent tantôt ensemble, tantôt seules, parfois avec d'autres jeunes gens du même âge. On les voit grandir au fil des pages. Je scrute son regard, les expressions de son visage, je détaille ses tenues. Les pattes d'eph et les babies vernies cèdent leur place aux salopettes, aux pantalons en velours portés avec des bretelles qui lui donnent un air désinvolte. Elle porte souvent un foulard noué autour du cou. J'adore son style, l'assurance qu'elle dégage, ses yeux noisette qui semblent défier l'objectif, ce regard franc. Cet album est une compilation de souvenirs de jeunesse des deux sœurs, avant papa, avant moi. J'aurais tellement aimé voir ces photos pendant mon adolescence, cette période particulièrement difficile où je me cherchais, où le seul modèle féminin que j'avais sous les yeux me paraissait à des années-lumière de ce que je ressentais à l'intérieur de moi. Sylviane était une femme qui ne vivait que pour son intérieur, pour servir sa famille et surtout élever sa petite princesse. Oh, elle aurait été prête à en élever deux, elle avait cette générosité, mais je ne me suis jamais reconnue dans le moule Disney.

À la dernière page, je trouve une feuille de papier pliée en deux, avec une écriture manuscrite. Une écriture appliquée.

*Nous avons le regret de vous faire part du décès de Madame Élisabeth Laurent.*
*Bien qu'elle ne soit pas croyante, la cérémonie sera célébrée le (date à remplir), en l'église de Saint-Simon parce qu'elle trouve ça plus chic… et aussi plus pratique en cas de pluie.*
*La défunte vous demande de ne pas pleurer, elle aurait trouvé ça trop triste.*

*PS : Merci de ne pas venir si vous n'êtes pas de la famille, ou des amis proches (vus au cours des trois derniers mois), elle n'aurait pas souhaité que vous soyez là.*

— Je ne pense pas qu'elle s'attendait à ce que je le fasse vraiment…, commente Rachel depuis l'embrasure de la porte (je ne l'ai pas entendue entrer). Ou si ? ajoute-t-elle comme si elle se parlait à elle-même.

— Qu'est-ce que c'est ? j'interroge, intriguée par ce texte pour le moins étrange.

— À dix-huit ans, Lili a rédigé son faire-part de décès parce qu'il était hors de question que d'autres décident pour elle quand elle ne serait plus là ! C'était elle tout craché… Je n'ai pas osé le donner à ton père.

Une question me brûle les lèvres, mais je la garde pour plus tard, je préfère parler d'elle, prolonger cette rencontre.

— Merci d'avoir gardé tout ça…

— Je n'ai jamais eu l'intention de m'en séparer, il m'arrive parfois de venir m'enfermer ici avec mes souvenirs…, confie ma tante d'une voix teintée de nostalgie. Tu préfères peut-être que je te laisse seule ?

— Non, j'aimerais que tu restes et que tu me racontes, je réponds en attrapant un autre album.

Nouvelle tranche de vie. Les visages sont plus matures mais on y retrouve toujours cette même insouciance, cette légèreté. Papa apparaît au détour d'une page puis sur les suivantes. Rachel et lui ont l'air de bien s'entendre. Partie de pêche au bord d'un lac. Mon père dort sur un transat, ma tante agite un poisson au bout de sa canne au-dessus de son nez. Mes parents s'embrassent fougueusement lors d'une fête.

— Sa première voiture ! s'exclame Rachel alors qu'elles posent fièrement devant une R5 rouge. On en a fait, des virées dans cette voiture, Lili mettait ses cassettes de France Gall en boucle et on chantait à tue-tête.

Probablement celles conservées précieusement dans la boîte métallique. Je les imagine faire les folles toutes les deux, ça me fait penser à Mathilde et moi. J'ai hâte de la retrouver, de lui raconter aussi. Ces photos sont un véritable trésor, Rachel n'a pas idée du cadeau qu'elle me fait.

Papa danse, il porte une jupe et une perruque. C'est étrange de me dire qu'il a été jeune, insouciant, qu'il n'a pas toujours été cet homme accaparé par le travail et les obligations. Et puis je reconnais la maison, celle de mon enfance, même s'il n'y a pas encore de jardin ni de clôture. Papa tient maman par la taille, ils sourient à la vie.

— Je me souviens de cette photo, c'est moi qui l'ai prise, comme presque toutes les autres d'ailleurs… Ses copines étaient déjà mariées et mères de famille depuis longtemps, Lili attendait le bon.

— Quel âge avait maman ?

— Elle avait trente ans, Michel en avait deux de moins, une cougar avant l'heure ! plaisante ma tante. À l'époque, ça a fait jaser à l'usine lorsqu'ils ont commencé à se fréquenter mais Lili se moquait du qu'en-dira-t-on et des convenances, elle vivait sa vie. Tu es née deux ans plus tard.

— Elle n'a pas voulu d'autre enfant ?

C'est le genre de sujet que je n'ai jamais pu aborder avec mon père.

— Non, quand tu es née, ta maman a dit qu'elle avait à présent tout ce qu'elle voulait, sa famille. Michel était l'homme de sa vie.

L'homme de sa vie a eu vite fait de la remplacer, je songe, amère. Et lorsque Sylviane a fait son OPA sur la maison, tout ce qui pouvait rappeler maman a été remisé au grenier. Archivé.

— Elle était très belle, je commente en caressant du bout des doigts un portrait sur lequel elle porte son foulard en fichu.

— Oui, ta mère faisait tourner la tête des garçons !

## *Le bal*

*Chaque année à la même époque, Saint-Simon organisait un bal populaire. C'était le premier samedi de juillet, une façon de célébrer l'été à venir et de se démarquer des autres communes qui s'alignaient toutes sur la date du 14 juillet. Un moyen intelligent de tirer son épingle du jeu quand on est un petit village qui n'a pas grand-chose pour lui.*

*Le temps d'un week-end, on posait un plancher éphémère sur la pelouse à côté de l'église, on accrochait des guirlandes lumineuses dans les arbres, on montait des stands – chamboule-tout, confiseries, buvette, saucisses-frites, il y en avait pour tous les goûts, tous les âges –, on dressait de grandes tables et la fête pouvait commencer.*

*Toute la jeunesse de Saint-Simon et des alentours attendait avec impatience ce rendez-vous annuel. C'était l'occasion de retrouver les copains, de s'amuser mais aussi de procéder à certains rapprochements pour les plus timides. Lorsque Lili a eu quinze ans, nous avons gagné le droit d'y aller seules, comme des grandes, ce qui arrangeait nos parents qui n'étaient pas vraiment fans de ce genre de manifestation. Élisabeth et moi n'aurions manqué le bal pour rien au monde.*

*Notre tenue et notre coiffure étaient méticuleusement étudiées, cela ajoutait à l'euphorie des préparatifs. Une année, Lili avait décrété qu'elle porterait une robe de soirée, elle voulait briller comme ces chanteuses qu'elle admirait à la télévision. Seulement, Saint-Simon n'était pas Versailles, l'ambiance était plutôt « Martine à la ferme », forcément sa tenue allait détonner. Mais une fois que Lili avait une idée en tête, il n'était pas aisé de lui faire changer d'avis. Elle n'allait pas se priver au motif que les gens manquaient cruellement de fantaisie !*

*Élisabeth a essayé de m'embarquer dans son bal à thème, toutefois je n'avais pas son assurance, son audace. Lorsqu'elle est arrivée dans sa robe à paillettes, tous les regards se sont tournés vers elle, il aurait été difficile de ne pas la remarquer. Le père Crapard lui a demandé ce qu'elle faisait accoutrée comme un sapin de Noël. Elle a répondu que c'était pour être raccord avec son gros ventre de Père Noël avant de s'élancer sur la piste de danse, entraînant nos copines au passage. Je la revois exulter sur « Laissez-moi danser », le titre de Dalida, on aurait dit que les paroles avaient été écrites pour elle.*

*Qu'importe qu'on la montre du doigt ou qu'on parle dans son dos, elle s'amusait avec ses amis et le reste n'avait pas d'importance. Suzanne Marchand était verte de jalousie, tout l'argent de ses parents n'aurait pas suffi à acheter la liberté de ta maman.*

*Forcément, les garçons n'avaient d'yeux que pour elle. Xavier Lenoy, qui ne s'était jamais remis de son baiser derrière l'église, a pensé que sa nouvelle Renault Fuego jaune suffirait à repartir avec la reine du bal. Erreur d'appréciation, ta maman se fichait pas mal des carrosses ou des belles voitures, à la fin de la soirée elle nous a tous entraînés pour un bain de minuit dans la rivière. L'eau était fraîche, pour ne pas dire glaciale, pourtant je garde un souvenir extraordinaire de ce moment. Un bonheur simple. Le fils du maire est rentré bredouille dans sa belle auto.*

*Lili était une femme solaire qui avait le don de rendre le quotidien extraordinaire. C'était aux gens de s'adapter à elle et non l'inverse. Elle façonnait le monde à son image.*

# Chapitre 17

## L'accident

Après le dîner, nous nous installons au salon avec une infusion, c'est devenu notre rituel du soir. Nous nous racontons des bribes de vie. Je m'ouvre chaque jour davantage, je me sens en confiance. Je ne sais pas comment j'imaginais ma tante, mais elle est encore mieux que tout ce que j'aurais pu espérer.

Plus elle me raconte maman, plus j'ai envie de la connaître. Voir les photos, écouter Rachel partager ses souvenirs me fait un bien fou, j'ai l'impression de comprendre enfin d'où je viens. Mais cela me fait aussi réaliser à quel point elle me manque. Toutes ces années, j'ai enfoui mes émotions, je me suis construit cette carapace pour me protéger, pour ne plus avoir mal.

Je crois que le moment est venu de poser la question. Après tout, je suis en droit de savoir pourquoi j'ai grandi sans connaître ma tante.

— Pourquoi vous ne vous parlez plus avec papa ?

Silence. Les histoires de famille sont toujours des sujets délicats.

— À moins que tu ne veuilles pas en parler…

— Non, il est normal que tu demandes, mais cela fait remonter des souvenirs douloureux, c'est lié à l'accident de ta maman…

L'accident, un sujet tabou à la maison.

— À l'époque, j'habitais à une vingtaine de kilomètres de chez tes parents. Malgré nos vies respectives, Lili et moi étions restées très proches, nous nous appelions chaque semaine et nous ne restions jamais plus d'un mois sans nous voir, c'était une règle implicite entre nous. Je venais de me séparer de l'homme que j'aimais, j'étais anéantie, et comme d'habitude ta maman n'a pas hésité à venir sur-le-champ pour me remonter le moral. Ma bonne fée… Il était déjà tard ce soir-là quand elle a repris la route, j'aurais dû lui proposer de rester dormir à la maison…

Elle marque une pause. Je mesure à quel point il est difficile pour elle de reparler de cette soirée.

— … même si elle aurait probablement refusé pour rentrer vous retrouver. C'était le mois de février, il y avait du brouillard et elle a eu son accident, on a supposé qu'elle avait voulu éviter un animal…

Rachel a les larmes aux yeux, moi aussi. C'est la première fois qu'on m'explique ce qui s'est passé. Je veux bien croire que j'étais trop petite à sept ans pour qu'on me donne les détails, cependant mon père aurait pu le faire plus tard, lorsque j'ai été en âge de comprendre. « Elle est montée au ciel » est assez vague comme explication.

— Michel m'en a voulu, il m'a tenue pour responsable. Si je ne l'avais pas appelée ce jour-là, elle ne serait pas venue et elle n'aurait pas fait cette sortie de route.

— C'était un accident…

— Face à l'inacceptable, on a parfois besoin de trouver une explication, un responsable. Après l'enterrement, ton père n'a plus voulu me voir, j'ai respecté son choix. J'ai d'abord pensé que ça serait temporaire puis j'ai fini par comprendre que non.

— Il n'avait pas le droit de décider pour moi.

— Je crois aussi que je lui rappelais trop Lili…

Catherine Lambert d'abord, puis Valérie ensuite, depuis l'adolescence je me suis cherché des modèles féminins pour compenser l'absence de ma mère. Ma vie aurait pu être différente si j'avais grandi aux côtés de Rachel. Je ressens un profond sentiment d'injustice d'avoir été privée de cette tante qui aurait pu tant m'apporter.

— J'ai clairement perdu au change, il m'a imposé Sylviane et sa peste de Javotte ! je réplique, délibérément sarcastique.

— C'est typiquement le genre de chose qu'aurait pu faire ta maman, donner des surnoms aux gens ! commente Rachel avec un sourire qui a le don de m'apaiser instantanément. Tu devrais avoir une discussion avec ton père, ce n'est pas bon de garder cette colère en toi.

— J'aurais tellement à lui dire que je ne saurais pas par où commencer, je tente de plaisanter.

— J'entends que tu en as gros sur le cœur, mais si je peux me permettre un conseil de tata qui en a vu passer, essaie de mettre un peu d'eau dans ton vin, comme disait ton grand-père, et de faire un premier pas pour ne pas le regretter plus tard.

Je ne suis pas certaine qu'avoir cette conversation pourrait changer quelque chose entre nous.

— Il venait de perdre la femme de sa vie, je le revois aux funérailles, c'était un homme à terre, poursuit Rachel. Nous avons chacun essayé de faire notre deuil comme nous avons pu... Je suis partie en Normandie parce que c'était trop dur de rester là-bas sans elle.

— Et tu n'as pas cherché à le revoir ? À me revoir ?

— J'ai envoyé des cartes pour ton anniversaire et pour la nouvelle année mais il n'a pas répondu, alors j'ai cessé. Même si c'était un accident, Michel n'avait pas complètement tort, une part de moi se sentait responsable de vous avoir enlevé Lili, de t'avoir enlevé ta maman...

— C'est tellement triste...

Je songe à tout ce gâchis, ce lien qui nous unit et qui aurait pu nous aider à cicatriser ensemble.

— Oui, ce jour-là j'ai tout perdu, soupire Rachel. Ton papa ne l'a jamais su mais si j'étais si désemparée, c'est parce que j'étais enceinte. Lorsque Christian l'a appris, il s'appelait Christian, précise ma tante, il m'a quittée.

— C'est dégueulasse !

— C'est le mot, confirme-t-elle avec une distance, comme si son monde ne s'était pas écroulé. Je nous voyais fonder une famille, acheter une jolie petite maison, avec deux chiens, lui ne voulait pas d'attache. Il n'allait certainement pas laisser un vaillant spermatozoïde briser ses rêves de liberté ! Trois semaines plus tard, je faisais une fausse couche.

— Je suis désolée...

— C'était sans doute mieux ainsi, commente Rachel avec un haussement d'épaules. J'ai fini par accepter que c'était mon destin et j'ai décidé de profiter de ce que la vie avait à m'offrir.

— Tu ne t'es jamais mariée ?

— Non. J'ai connu pas mal d'hommes mais je n'ai jamais eu d'enfant, je n'en ai plus voulu. Ni de chien d'ailleurs ! plaisante ma tante.

J'admire cette façon qu'elle a de faire face aux épreuves. À côté, mes petits soucis de promotion interne me semblent dérisoires. Rien n'est irréversible, je peux encore décider de changer les choses.

— Et tu as eu de ses nouvelles, tu sais ce qu'il est devenu ? j'interroge, curieuse.

— Il a eu le culot de venir s'installer en Normandie, à une heure de route d'ici, un an plus tard avec femme et polichinelle dans le tiroir. Le grand aventurier a eu vite fait de remballer ses idéaux.

— Le salaud !

— Je n'aurais pas dit mieux. Il a eu deux enfants, un garçon et une fille.

— Il a su que tu avais perdu le bébé ?

— Oui, il m'a appelée peu avant son emménagement pour savoir si j'avais avorté. Il voulait sans doute s'assurer qu'il n'avait pas laissé d'autres tiroirs ouverts ailleurs avant de fonder sa petite famille. Je lui ai répondu que la nature avait décidé pour moi et j'ai raccroché.

— Tu ne l'as jamais revu ?

— Non, mais il m'a contactée il y a quelques années sur les réseaux, j'ai trouvé sa démarche affligeante. Je l'ai bloqué.

— J'aurais fait pareil !

— Mais ne t'inquiète pas pour ta vieille tante, c'est de l'histoire ancienne… Et il m'arrive encore d'avoir des aventures à mon âge, tu sais, je ne suis pas complètement obsolète !

Je rigole de bon cœur, je n'ai aucun mal à imaginer qu'elle puisse plaire aux hommes.

Cette journée a été riche en émotions, en confidences. Je remonte dans ma chambre avec un million de pensées qui s'entrechoquent dans ma tête. Ce pan de mon histoire familiale que je découvre me fascine, ces femmes fortes, libres, inspirantes. C'est tout un univers qui s'ouvre à moi, je me sens soudain moins seule.

Au moment de fermer les volets, je contemple le ciel étoilé. Il n'y a pas de pollution lumineuse à la campagne, il faut bien qu'il y ait quelques avantages à se couper de la civilisation. Je me sens sereine, apaisée comme je ne l'ai pas été depuis longtemps. Les choses arrivent rarement par hasard, j'ai envie de croire aux signes et de penser que c'est *elle* qui m'a conduite jusqu'ici. « Bonne nuit, maman. »

# Chapitre 18

## Madeleine au chocolat

Que je décide de prolonger mon arrêt de travail ou de retourner dans le panier à crabes, il faut que je sois rentrée à Paris lundi au plus tard. Nous avons convenu avec Rachel que je partirai samedi matin, il me reste donc encore deux jours à passer aux Patapans et je compte profiter de chaque instant. Mais avant de commencer cette journée, il y a une chose que je tiens à faire.

J'ai toujours pensé que mon père avait simplement tourné la page, qu'il s'était contenté de remplacer ma mère par une autre. J'entrevois à présent la possibilité que je me sois trompée, que je l'aie mal jugé. Je ne l'ai jamais vu aussi heureux que sur ces photos où il pose à côté de maman, on dirait un autre homme.

RAPHAËLLE

Désolée de ne pas avoir répondu plus tôt, j'avais besoin de prendre un peu de distance. Je vais bien, je suis chez tante Rachel. Bonne journée. Raphaëlle

Je n'avais pas répondu à son message de samedi dernier. J'ai conscience qu'il risque d'être surpris, néanmoins il est important pour moi de lui dire. Maintenant que j'ai retrouvé Rachel, je ne compte pas la laisser à l'écart de ma vie. Et, tant que je suis sur ma lancée, j'en profite pour écrire à Jérémy et Mathilde, séparément. Même si je n'ai pas complètement digéré leur petite « trahison », la vie est moins belle sans eux. Ma meilleure amie me répète souvent que je suis trop rancunière, elle n'a pas tort. Je crois que j'attends beaucoup des gens, enfin de ceux que je laisse approcher la vraie Raphaëlle.

Ma tante a prévu de m'embarquer dans une de ses virées épiques, une fois de plus, je la suis sans poser de questions. Nous commençons par un rapide passage à la supérette afin de faire quelques courses pour Marcelle, mais aujourd'hui point de Scrabble, sa coiffeuse à domicile vient lui faire une beauté. La fringante tricheuse me fait promettre de revenir pour une partie. Puis nous retournons « en ville », où Rachel doit voir quelqu'un. Je crois d'abord à une blague lorsqu'elle m'indique que nous allons au café, comprendre le troquet du coin plus proche du PMU que du Starbucks, rien d'instagrammable. Elle est pourtant sérieuse. Alors, me voilà assise sur une chaise qui semble avoir vu passer beaucoup de fessiers avant le mien, me demandant avec qui ma tante peut bien avoir rendez-vous. Si ça se trouve, elle est inscrite sur un site de rencontre et elle a tenu à ce que je l'accompagne, par sécurité. Elle m'a clairement laissé entendre hier qu'elle avait encore une vie sentimentale.

— Salut, Justine !

Ma tante, visiblement habituée des lieux, connaît le prénom de la serveuse. Contrairement à l'idée que je me faisais de ce genre d'endroit, je ne vois aucun pilier de bar, plutôt des anciens qui lisent la presse locale, des gens du coin venus chercher un peu de compagnie, de chaleur humaine. En revanche, aucun candidat potentiel.

— Salut, Rachel !

— Dis-moi, comment avancent les travaux ?

— Trop lentement, la chambre ne sera jamais prête à temps ! se lamente la jeune femme en posant une main sur son ventre rond.

Une chambre d'enfant donc.

— Tu as l'air en forme…

— En forme de ballon de foot alors ! Je n'en peux plus, j'ai hâte qu'il arrive ! Qu'est-ce que je vous sers ?

— Je vais prendre un verre de chablis. Et toi, Raphaëlle ?

11 h 15, c'est un peu tôt pour attaquer avec l'alcool, non ?

— Je vais prendre la même chose.

Napoléon Bonaparte a créé le Code civil, pas le Code de l'apéro ! Il n'y a pas de règles en la matière, à la rigueur quelques us et coutumes. Je crois qu'il faut que je me détende. Finalement, ce verre tombe plutôt bien.

J'ai posé mon téléphone sur la table. Un bandeau s'affiche, c'est la réponse que je guettais discrètement depuis tout à l'heure.

PAPA

Je suis content d'avoir de tes nouvelles. Quand tu seras de retour, fais-moi signe, j'aimerais qu'on parle tous les deux. Passe le bonjour à ta tante. Je t'embrasse. Papa

Je suis moi aussi heureuse d'avoir de ses nouvelles, j'ai beau jouer la fille fière et indépendante, je souffre de cette distance entre nous.

— C'est papa, il te passe le bonjour.

— Je suis contente que tu lui aies écrit. Tu lui passeras le mien à l'occasion, me répond ma tante avec un sourire complice alors que Justine apporte nos verres.

— J'ai suivi ton conseil…

— À la famille ! trinque Rachel.

— À la famille.

Le monsieur de la table d'à côté lève sa bière dans notre direction. Lorsqu'il sourit, je constate qu'il lui manque deux dents. On est loin des cocktails guindés auxquels j'ai l'habitude d'être invitée. Pour autant, c'est reposant de ne pas avoir à me soucier de ma coiffure, de ma tenue, de ce que je vais dire. De ne pas être en représentation. Si mes abonnés me voyaient… #declassementsocial. Et mes collègues ! Brune s'étranglerait probablement avec une de ces cacahuètes. Réflexion faite, non. Elle n'y aurait pas touché. J'avoue ressentir une pointe d'angoisse à l'idée de retourner au bureau la semaine prochaine mais il est trop tôt pour y penser.

— Salut, ma belle !

Ça ne peut pas être lui… Ou alors, il n'a pas mis sa photo sur le site.

— Salut, Jean-Louis.

Apparemment, ma tante connaît l'armoire à glace qui se tient devant nous. Style : inexistant, comme les cheveux sur ses tempes. Elle mérite mieux. Malgré l'intérêt que suscite votre candidature, nous sommes au regret de ne pas pouvoir répondre favorablement à votre demande, etc., etc. Il faut que j'inscrive Rachel de toute urgence sur Affiniclick.

— Je te présente Raphaëlle, ma nièce.

Elle sécurise le terrain. Le message est clair : je ne suis pas seule à la maison. Toutefois, vu le gabarit, je ne lui serais d'aucune utilité pour le cas où les choses tourneraient mal. Même à deux, nous ne faisons pas le poids.

— Désolé pour le retard...

Décidément, le type cumule. Quand tu n'as pas le physique de l'emploi, tu te dois au moins d'être ponctuel.

— ... j'ai eu des soucis avec une pouliche !

Au secours ! Il n'est pas au courant qu'on ne peut plus parler des femmes comme ça ? #balancetonbeauf.

— J'espère que ce n'est rien de grave.

Le vin blanc lui monte à la tête ou quoi ? Qu'est-ce qu'elle attend pour recadrer ce lourdaud ?

— Tu as le temps de prendre un verre avec nous ?

Je la regarde avec des yeux ronds, elle fronce légèrement les sourcils, l'air de dire : « Ça te dérange ? » Un peu, oui.

— Une prochaine fois, je suis pressé... Tiens, avant que j'oublie, voilà ton poulet.

— Merci, tu es adorable !

Ma tante ne se formalise apparemment pas qu'on lui offre une volaille plutôt que des fleurs.

— Un vrai poulet fermier, tu m'en donneras des nouvelles, la Parisienne !

Je ne pense pas que nous nous reverrons. Et comment sait-il que je suis parisienne ?

— Je peux te faire un chèque ? J'ai oublié de retirer de l'espèce.

— Tu me régleras samedi ! Bonne journée, mesdames.

Je n'y comprends plus rien, j'ai dû rater un épisode de « L'Amour est dans le pré ».

— Je suis désolée de lui avoir proposé de se joindre à nous, s'excuse ma tante, mais il est tellement serviable. Quand je l'ai appelé pour réserver un poulet fermier pour ma nièce de Paris, il a proposé qu'on se retrouve ici afin de m'éviter de passer à la ferme.

— Jean-Louis vend des poulets ? je questionne, réalisant soudain que j'avais peut-être tiré des conclusions hâtives.

— Et aussi des tripes, des steaks, des boudins... C'est le boucher. Il a un emplacement sur le marché le samedi.

— J'ai cru que c'était un rencard..., je confesse, soulagée.

Ma tante éclate de rire.

— Tu as imaginé que j'avais une aventure avec Jean-Louis ?

— Plus exactement que vous vous étiez croisés sur un site de rencontre et qu'il s'agissait d'un premier *date*...

— Avec ma nièce, en plus. Quelle imagination ! Personnellement, je ne suis pas fan de toutes ces applis et réseaux sociaux, je préfère le monde réel.

— Non mais Jean-Louis ! rigole encore ma tante alors que nous faisons la queue à la boulangerie. Il faudra que je te montre des photos de mes ex pour que tu voies mon style d'homme !

Elle a proposé de prendre des gâteaux pour le dessert, je ne me suis pas fait prier. Depuis que je suis ici, j'ai tendance à me mettre moins de contraintes, à me laisser vivre. J'aurai tout le temps la semaine prochaine de sauter des repas ou me nourrir de snacks !

— Qu'est-ce qui te ferait plaisir ?

— Un éclair au chocolat ! je réponds sans la moindre hésitation.

Ma tante me regarde avec un sourire que je n'arrive pas à déchiffrer.

— C'était la pâtisserie préférée de ta maman...

— C'est aussi la mienne, je réponds, émue.

L'éclair au chocolat est ma pâtisserie doudou, celle que j'achète lorsque la journée a été dure, quand j'ai un coup de cafard, celle qui m'apporte du réconfort dès la première bouchée, qui me fait me sentir comme à la maison... Je comprends mieux pourquoi à présent.

À chacun sa recette des madeleines.

## *L'usine*

*Il était une belle usine installée au bord de l'eau. Les gens à des kilomètres à la ronde se pressaient pour venir y chercher leur part du gâteau.*

*Un microcosme où tout le monde se croisait mais où chacun restait à sa place. Une fourmilière où chaque individu savait ce qu'il avait à faire.*

*La grande fourmilière ne s'arrêtait jamais, pas même la nuit, il fallait produire des grille-pains et des services à raclette pour tous les habitants de la planète. À la belle époque, ils étaient 1300 personnes à se partager à la fin du mois le gâteau, autant dire que certains ne recevaient qu'un bout de vermisseau.*

*Michel travaillait à la chaîne. Un poste physique où il fallait suivre la cadence, parfois sous l'œil d'un contremaître zélé, et se retenir lorsqu'on avait envie d'aller au petit coin. En été, on suffoquait dans l'atelier et l'hiver, c'était le palais des courants d'air mais on s'en accommodait. Le travail, c'est la santé. Ou bien le contraire, on laisse sa santé au travail ?*

*Les bureaux étaient situés à l'écart du site de production, dans un bâtiment équipé de ventilateurs et de chauffage. Élisabeth travaillait au service de M. Jacquin. Un homme ni particulièrement affable ni tyrannique, un homme sachant... et sachant surtout mieux que les femmes. Il en aurait toutefois fallu davantage pour démotiver Lili, qui venait chaque jour de bonne grâce à l'usine retrouver ses collègues Claudine et Martine. À cette époque, passer des heures enfermés ensemble suffisait à créer des liens. Pour les anniversaires, on apportait une bouteille de mousseux et des boudoirs qu'on trempait allègrement dans les coupes, on se voyait le week-end, on s'épaulait dans les coups durs.*

*Chaque midi, tout le monde se réunissait à la cantine pour le déjeuner. Les ouvriers d'un côté, les cadres de l'autre. On range les torchons et les serviettes dans la même armoire mais pas sur la même étagère. Jacques, le chef, concoctait des menus plus ou moins bons selon les jours, mais le labeur ouvrait l'appétit et surtout on était contents de retrouver les copains.*

*Lili et Claudine amusaient la galerie, souvent aux dépens du chef de service qui en prenait pour son grade. Martine se contentait de suivre mais elle riait toujours de bon cœur des farces des copines, comme cette fois où elles avaient fait croire au cuisinier qu'elles avaient trouvé un pansement dans les épinards. Le pauvre était devenu blanc comme sa toque ! Il leur avait offert deux babas au rhum pour le désagrément.*

*Autour de la table, on protestait, on cancanait, mais qu'est-ce qu'on riait. L'usine était l'endroit où on venait gagner de quoi nourrir sa famille, payer son pavillon et aussi celui où on nouait des amitiés pour la vie.*

# Chapitre 19

## Carcan

C'est notre dernière soirée ensemble, cette semaine est passée trop vite. Le feu crépite dans la cheminée, je suis nichée sous la couverture au crochet confectionnée par la mère de Rachel, ma grand-mère. Je me sens en sécurité ici, une bulle où rien ne peut m'atteindre. Mais on ne peut pas rester caché éternellement.

— Tu as réfléchi à ce que tu vas faire ?

— Pfff, je souffle. Plus l'échéance du retour au bureau approche, plus je m'interroge et moins j'y vois clair...

— Aujourd'hui, la pression vient de tous les côtés, il faut réussir professionnellement ; avoir une vie sociale épanouie, de préférence la partager sur les réseaux ; prendre soin de soi parce que notre crédit est non renouvelable ; prendre soin de la planète aussi, cela me semble plus qu'urgent ; et bien sûr, tout ceci en étant heureux ! C'est une responsabilité énorme qui pèse sur vos épaules...

Elle vient de résumer en quelques phrases ce que je ressens depuis des mois. Nos confidences sur canapé vont me manquer. J'ai Mathilde et Jérémy mais ce n'est pas pareil, Rachel a un certain recul et une maturité sur la vie que nous n'avons pas.

— C'est ça... Pourtant, si je veux faire carrière, c'est maintenant.

— Faire carrière..., répète Rachel. J'ai l'impression que tu te donnes beaucoup de peine pour atteindre un objectif que tu t'es fixé mais est-ce que c'est ce qui te rendra plus épanouie, plus heureuse ?

— J'ai toujours pensé qu'il fallait travailler dur pour décrocher un bon job...

— Ma chérie, réussir sa vie ce n'est pas forcément lié à la réussite professionnelle...

C'est la première fois que ma tante utilise ce terme affectueux pour s'adresser à moi, cela me plaît beaucoup.

— ... ce n'est pas gagner beaucoup d'argent, avoir un bel appartement, c'est faire ce qu'on aime, connaître la joie, l'amitié, l'amour.

Dans ce cas, plus de doute, j'ai complètement foiré ma vie ! J'ai réussi l'exploit de me brouiller avec mes deux seuls vrais amis, je me contente d'une relation épistolaire avec mon père, et ma vie amoureuse se résume à des relations purement sexuelles avec des inconnus. Inutile de me fatiguer à rédiger ma nécrologie, il n'y aura personne à mon enterrement.

— Comment savoir ce qui est bon pour moi ? Quelle direction prendre ?

Depuis ce jour où ma route a croisé celle de Catherine Lambert, au rayon bigoudis, j'ai décidé que je voulais devenir comme elle et je m'en suis donné les moyens : études, stages et tout le tralala. Elle est devenue mon modèle de réussite mais, dans le fond, qu'est-ce que je sais d'elle ? Et si tout ceci n'était pas pour moi ?

— C'est simple, qu'est-ce qui t'anime, te porte, te fait te lever le matin ?

Je me lève pour faire comme les autres ? Pour aller travailler… Le serpent qui se mord la queue. Je réfléchis, la réponse est loin d'être évidente. Je me rappelle un de mes stages non rémunérés, l'excitation que j'avais ressentie lorsqu'on m'avait confié l'organisation de la soirée de Noël de l'entreprise, une start-up de vingt salariés. J'avais carte blanche… et un budget dérisoire, pourtant j'avais adoré. Choisir le sapin, le décorer, les animations, le cadeau pour les collaborateurs. Cela fait combien de temps que je ne ressens plus la petite étincelle au travail ? À quand remonte la dernière fois où j'ai eu un fou rire au bureau comme maman avec sa collègue Claudine ? Un fou rire intérieur peut-être quand Alain Caron m'a prise pour la dame café. C'est toujours mieux que dame pipi !

— Je ne pense pas avoir fait le mauvais choix en m'orientant vers l'événementiel… J'aime chercher l'idée qui va plaire, choisir les différents prestataires, voir le concept qui prend forme. Seulement, depuis quelque temps, malgré les budgets faramineux, je ne m'amuse plus.

— À ton avis, qu'est-ce qui a changé ?

— Chez Uneco, tout tourne autour des chiffres, du profit, on ressent la pression en permanence. Jouer dans la cour des grands n'est pas forcément plus drôle.

Le travail a toujours été une valeur fondamentale pour moi. À l'école déjà, il fallait bien travailler pour devenir quelqu'un comme on dit. Quand je songe à ce que j'ai appris sur ma mère cette semaine, le mot qui me vient à l'esprit est « liberté » alors que moi, toutes ces années, je n'ai fait que m'enfermer dans un carcan.

— Je vois ce que tu veux dire. J'ai également côtoyé le monde des grandes entreprises mais j'en suis assez vite sortie, je préfère être avec mes petits vieux ! plaisante Rachel.

— Ils sont certainement plus sincères ! Au bureau, les gens sont tes « amis » tant que tout va bien, mais ils n'hésitent pas à te sacrifier à la première occasion pour servir leurs propres intérêts.

— Dans ce cas, ils ne te méritent pas.

— Je crois que Mathilde et toi avez raison, il est temps que j'envisage sérieusement de partir…

Cette fâcheuse expérience m'aura permis de réaliser que je n'ai pas envie de faire don de ma trentaine à une boîte qui ne s'investit clairement pas autant que moi dans notre relation.

— Je suis fière de toi.

— Concrètement, je n'ai aucun projet, aucune idée pour le moment…

Il ne me reste plus qu'à retourner voir la conseillère d'orientation. Ça tombe bien, c'est ma meilleure amie.

— En prendre conscience c'est avoir fait la moitié du chemin. Je suis certaine que tu vas rapidement trouver ta voie.

— Merci, pour ça et pour le reste. De m'avoir accueillie, écoutée.

— Je t'en prie, et tant que nous y sommes, si je peux me permettre un dernier conseil, essaie d'envisager les hommes autrement qu'à travers une appli virtuelle !

— Je te rassure, ce que nous faisons dans leur lit ou ailleurs est tout à fait réel, je réponds d'humeur facétieuse.

— Je te crois sur parole, je parlais de mettre un peu de sentiments dans tes relations. C'est exaltant de tomber amoureuse, on se sent portée, vivante...

— Pourtant tu préfères être seule ?

— Aujourd'hui, je ne me verrais plus partager mon quotidien avec un homme, devoir faire des concessions sur le dîner, le choix du film, etc., mais à une époque, j'aurais voulu qu'il en soit autrement. La vie est courte, Raphaëlle. Il faut vivre aujourd'hui parce qu'il n'y aura peut-être pas de demain.

## *Il était une fin*

*Maman avait coutume de raconter que lorsqu'Élisabeth s'est penchée sur mon berceau pour la première fois, je lui ai fait un grand sourire. Les bébés sourient souvent, parfois même dans leur sommeil, c'est bien connu, mais je suis certaine que celui-ci lui était destiné.*

*De deux ans mon aînée, elle était ma grande sœur, celle qui veillait sur moi lorsque j'étais petite, qui m'entraînait dans ses bêtises un peu plus tard. Sans elle, la vie aurait été beaucoup moins drôle.*

*Avec le temps, la différence d'âge s'est estompée. Elle est devenue ma meilleure amie, ma confidente, et réciproquement. Celle vers qui je me tournais spontanément lorsque je doutais, quand j'avais un chagrin mais également celle que j'appelais en premier pour partager les bonnes nouvelles.*

*Lili et moi étions fusionnelles, nous n'avions pas besoin de parler pour nous comprendre. Michel s'agaçait parfois lorsque nous partions subitement d'un fou rire sans aucune explication. Nous avions tant d'anecdotes, de* souvenirs en commun, qu'un seul regard suffisait pour savoir à quoi l'autre pensait.

Quand elle a emménagé avec ton père, nous dînions souvent chez l'une ou chez l'autre le week-end, parfois avec mon jules si j'en avais un, ou juste tous les trois. Des dînettes improvisées avec ce qu'il y avait dans le frigo pour le plaisir d'être ensemble. Même s'il me taquinait fréquemment, je sais que dans le fond Michel m'appréciait. De mon côté, je ne pouvais que l'aimer puisqu'il rendait ma sœur si heureuse.

Un jour, Lili m'a appelée, j'étais au bureau, ma période photocopieuse, elle t'attendait. Le soir même, elle débarquait chez moi avec une bouteille de mousseux et des boudoirs. À cette époque, on n'était pas aussi catégorique avec le zéro alcool pour les futures mamans.

Un de nos rêves de gamines était de tomber enceinte en même temps, pour que nos enfants grandissent ensemble et soient proches comme elle et moi. Mon amoureux du moment était du genre *bad boy* ténébreux, le type d'homme avec qui on fait des folies mais certainement pas un enfant. Alors, j'ai passé mon tour.

Lorsque tu as pointé le bout de ton nez avec presque une semaine de retard, Lili m'a demandé si j'acceptais d'être ta marraine. Je n'ai pas hésité une seconde. Dans sa chambre à la maternité, nous nous sommes fait la promesse de ne jamais laisser la vie nous éloigner. Et parce que Lili avait toujours des idées un peu décalées, géniales, elle a proposé qu'on se choisisse une date à nous, notre jour des sœurs. Nous avons convenu du 20 janvier. Un mois *froid et brumeux, triste. Ce serait un moyen de conjurer la morosité ambiante. Pourquoi le 20 ? La somme de nos jours d'anniversaire, 8 et 12, tout simplement.*

*Quand elle nous a quittés, j'ai perdu ma bonne fée, ma sœur, ma meilleure amie et ma famille.*

# Chapitre 20

## La promesse

J'ai un pincement au cœur en me préparant ce matin, l'heure du départ a sonné. Il ne me faut que quelques minutes pour rassembler mes affaires dans mon sac. Avant de descendre, je regarde une dernière fois, nostalgique, la petite chambre au charme désuet, la grosse couverture pliée sur le lit. Je dois avouer que le chauffage à dix-neuf degrés ne va pas me manquer. Je jette un coup d'œil dans la salle de bains pour vérifier que je n'ai rien oublié.

Je suis forcément triste de quitter cette maison, toutefois je sais que ce ne sont que des au revoir, je reviendrai très bientôt. Je ne pouvais pas me cacher ici éternellement, j'ai des décisions à prendre, des comptes à régler, des excuses à présenter aussi. Je rentre plus forte de ce que j'ai découvert sur ma famille, sur ces deux femmes extraordinaires avec lesquelles je partage le même sang et bien plus encore. Je sais que je ne suis plus seule à présent.

Rachel est dans la cuisine, j'aime l'observer vaquer à ses occupations. Lovée dans un grand pull marine, ses longs cheveux remontés dans un chignon flou, elle me donne la sensation que la vie est simple.

— Je t'ai préparé un thermos de café pour la route !

Je n'ai pas l'habitude qu'on me bichonne, généralement il n'y a personne pour prendre soin de moi. Et souvent je m'oublie, mais cela va changer, c'est une promesse que je me fais.

— Merci, tu es adorable mais ton thermos risque de te manquer…

— Tu me le rapporteras la prochaine fois. Et tiens, c'est pour toi.

— Un cadeau ? C'est plutôt moi qui devrais t'en faire un pour te remercier de m'avoir accueillie cette semaine.

Je me sens bête de ne pas y avoir pensé avant.

— Que tu fasses désormais partie de ma vie est le plus beau cadeau que tu pouvais me faire, ma chérie. Et puis, ce n'est pas vraiment moi qui te fais ce cadeau…

Lorsque j'ouvre le petit pochon en tissu dans lequel il est délicatement rangé, je reconnais aussitôt le motif, des pois jaunes sur un fond noir. C'est le foulard que maman porte sur plusieurs photos, autour de son cou, en fichu.

— Tu l'as conservé toutes ces années ?

— Oui, c'était le préféré de Lili…

— Rien n'aurait pu me faire plus plaisir, je réponds, émue.

— Et ça, c'est de ma part, ajoute Rachel en me tendant un sac en papier.

Deux pots de confiture et quelques conserves de légumes de son jardin.

— Merci.

— C'est pour que tu penses à moi à Paris... et aussi à t'alimenter !

Ma tante s'est insurgée lorsque je lui ai raconté que mes pauses repas se résumaient de plus en plus souvent à un snack devant mon écran. Quand j'y réfléchis, même notre PDG trouve le temps de manger, alors pourquoi devrais-je sacrifier mon déjeuner ?

— Maintenant que je t'ai retrouvée, tu n'es pas près de te débarrasser de moi ! Avant de partir, je voulais te demander quelque chose..., j'ajoute, hésitante.

— Je t'écoute...

— Est-ce que tu accepterais de devenir ma bonne fée comme maman l'était pour toi ? Celle que je pourrai appeler en cas de besoin... ou juste pour papoter entre filles.

— J'en serais très honorée, répond ma tante, touchée, en me prenant dans ses bras.

— Marraine la bonne fée... de toute façon Carabosse est déjà prise ! j'ajoute, espiègle.

Ma tante, qui a parfaitement compris de qui je voulais parler, ne peut se retenir de sourire.

— Je sais que les choses ne sont pas toujours faciles mais essaie d'apaiser ta colère, elle est mauvaise conseillère.

— Je devrais peut-être me mettre à la méditation ?

— Ou avoir une discussion avec ton père pour commencer, réplique Rachel en m'adressant un clin d'œil.

Avec elle, il n'y a jamais de reproche, de jugement, lorsqu'elle se permet de donner son avis, c'est toujours avec bienveillance.

— Oui..., je réponds en m'installant au volant de ma voiture, même si je n'ai pas encore décidé si je me sentais prête ou non pour le grand déballage.

— Tu me mets un message pour me dire que tu es arrivée ?

— C'est promis.

Alors que je m'éloigne, je la regarde à travers le rétroviseur me faire signe de la main. J'ignore ce que les semaines et les mois à venir me réservent, il faut que je remette de l'ordre dans ma vie mais dès que je le pourrai, c'est certain, je reviendrai en Normandie.

# TROISIÈME PARTIE

# LA VRAIE VIE

## Chapitre 21

## *Reset**

La boule qui s'invitait dans ma gorge chaque fois que j'envisageais mon retour au bureau a disparu. J'aurais pu prolonger mon arrêt maladie, je suis certaine que la doctoresse se serait montrée compréhensive, malgré tout j'ai choisi de revenir au travail. Grâce à Rachel, j'ai compris que je ne devais pas m'en vouloir de ne pas avoir obtenu le poste, les dés étaient pipés, comme lorsque le père Crapard avait décidé que son coq finirait au vin. À la différence qu'aucune âme bienveillante n'a volé à mon secours. Et avoir eu besoin de faire une « pause » n'est certainement pas un aveu de faiblesse mais plutôt un signe que la société ne tourne plus rond ! Il est normal de craquer, nous ne sommes pas des machines. Ce qui ne me paraît plus si évident ce matin lorsque j'observe les personnes devant moi passer leur badge sur le lecteur du portique dans un geste mécanique et avancer, l'œil rivé sur leur téléphone portable, vers les ascenseurs.

---

* Réinitialisation.

Mon arrivée sur le plateau ne passe pas inaperçue. On m'observe, on me jauge, on me juge. J'ignore ce qui s'est raconté dans mon dos en mon absence, probablement des choses peu plaisantes, l'absent a toujours tort, toutefois ça ne m'intéresse pas. Plus, pour être exacte. J'aurai trente-deux ans dans quelques mois, l'âge auquel ma mère m'a eue, l'âge des possibles, et j'ai décidé de me concentrer sur l'essentiel, c'est-à-dire moi. On m'adresse un bonjour, un vague hochement de tête ou rien du tout, trop accaparé par sa tâche. Il serait peut-être utile de rappeler à mes chers collègues qu'ils ne sont pas Frodon Sacquet* et que le sort de l'humanité n'est pas entre leurs mains.

— Salut, Raphaëlle. Tu as changé de coupe, c'est très réussi ! s'enthousiasme Mélanie alors que je m'installe derrière mon bureau.

Ce matin, j'ai décidé de laisser mes cheveux libres, avec leurs ondulations, de montrer ma vraie nature… de cheveux, c'est un début. Ce qui m'a au passage fait gagner un bon quart d'heure. Il n'est question que de coiffure, pourtant il y a quelque chose de grisant à lâcher prise. La liberté, ce n'est pas forcément tout plaquer pour partir avec un sac à dos au bout du monde, elle se cache aussi dans des petits actes de rébellion du quotidien.

— Merci, Mélanie.

Et, j'ai mis mon jean *flare* (le nouveau patte d'eph), celui que je m'interdisais de porter au bureau, avec ma blouse en soie fleurie, cela reste élégant. Surtout, ça me plaît, c'est l'essentiel. Que Brune ne vienne pas me

---

* Personnage du *Seigneur des anneaux*, J. R. R. Tolkien.

dire que ce n'est pas très *compliance*, je promets de la recevoir !

J'ai vite fait de me remettre dans le bain en ouvrant ma messagerie. Dois-je me réjouir du fait que les gens ne m'aient pas oubliée ? Les points d'exclamation rouges m'indiquent que l'heure est grave, les troupes de Sauron sont probablement au pied de notre jolie tour de verre ou à la station de métro la plus proche dans la mesure où je ne les ai pas vues en arrivant. Comme dans cette trilogie que j'ai revisionnée à Noël dernier, j'aimerais croire qu'à la fin, le bien finit par triompher sur le mal. Je décide d'aller prendre un café pour être fin prête pour la longue bataille qui m'attend, deux cent trente-sept emails. On devrait imposer des quotas aux gens.

— C'est vraiment petit ! Tu es tombée très bas, Raphaëlle... !

L'assaut me surprend à la cafétéria. Décidément, on ne peut être tranquille nulle part.

— Bonjour à toi aussi, Anthony, je réponds posément en me retournant, mon shoot de caféine à la main. Il s'agit d'une malencontreuse erreur de frappe... Il faut croire que je l'ai pensé tellement fort que mes doigts ont écrit « Morveux » sans que je m'en rende compte !

J'aurais pu prétendre ne pas comprendre de quoi il parlait, cependant c'est bien plus jubilatoire de le prendre pour ce qu'il est, un con. #especeenvoiedereapparition.

— C'est ça, tu peux essayer de berner ton monde, Valérie la première, mais avec moi ça ne marche pas !

Si ça peut te rassurer, j'ai justement décidé de cesser de tromper mon monde. Tu vas enfin faire connaissance avec la vraie Raphaëlle, néanmoins je ne suis pas certaine que tu gagnes au change.

— Ouh là, tu ne nous ferais pas une petite crise de paranoïa ? Tu devrais songer à prendre quelques jours de congé..., je lâche, ironique, en le contournant, signe que cette conversation est terminée.

— Tu ne comptes pas t'en tirer aussi facilement, j'espère ? interroge Anthony avec un rictus qui dévoile ses canines acérées.

Pour un peu, on pourrait croire qu'il mordrait.

— Je te parle ! continue d'aboyer mon collègue.

— Tu veux parler, j'en suis fort aise, mais moi j'ai du travail ! je réponds, plutôt satisfaite de ma répartie.

Je n'ai pas besoin de me retourner pour deviner sa mine furax.

Agathe a proposé de nous retrouver pour le déjeuner sur le groupe WhatsApp, j'ai prétexté un trop-plein de boulot pour décliner. Parfaitement crédible. À vouloir à tout prix plaire au travail, je me suis entourée de personnes qui faisaient écho à celle que je voulais devenir. Des « amitiés » qui entraient parfaitement dans le cadre et flattaient indirectement mon ego, me procurant un sentiment illusoire de réussite. La réalité est que je n'ai pas grand-chose en commun avec ces filles et que je n'aime pas celle que je suis devenue. Heureusement, il n'est jamais trop tard pour décider de changer, devenir une meilleure personne. J'ai commencé par me réconcilier avec Mathilde ce week-end, il faut savoir reconnaître ses erreurs, la liste était assez conséquente en ce qui me concerne. Nous avons fini dans les bras l'une de l'autre, en pleurs. J'ai la chance que ma meilleure amie ne soit pas rancunière. J'ai également écrit à Jérémy pour lui proposer de prendre un verre ensemble cette semaine. Il est temps que je me montre à la hauteur de ces amitiés qui sont si précieuses pour moi.

Manger seule ne signifie pas pour autant que je doive avaler un snack en tête-à-tête avec mon ordinateur ! Je décide de profiter de la douceur printanière pour sortir me dégourdir les jambes et m'aérer l'esprit. C'est important pour garder les pieds sur terre. Je prends soin d'éviter les endroits où nous avons l'habitude d'aller avec Agathe et Brune. Je m'installe à une terrasse, pour savourer les premiers rayons du soleil et une salade César. La vie peut être simple.

Valérie détaille ma tenue sans faire de commentaire. Elle fait partie de ces relations dont j'aimerais me délester, cependant, dans la mesure où elle est ma boss, il va falloir composer avec encore un certain temps.

— Tu as l'air reposée.

— Oui, cet arrêt m'a fait le plus grand bien, j'en avais besoin.

— Je suis ravie de l'entendre. Et comment vont tes « boutons » ?

Elle a prononcé le mot comme s'il était contagieux. Sûr que des croûtes sous ses petits déshabillés en soie, ça ne serait pas très chic. Il paraît que Victor-Emmanuel en raffole ! De ce genre de dessous, pas de mes croûtes.

— Disparus.

— Excellente nouvelle ! Et tu te sens prête à reprendre ?

On pourrait m'enlever un rein qu'elle s'en foutrait, Valérie veut juste s'assurer que je suis opérationnelle. Qu'elle va pouvoir à nouveau charger la mule.

— Oui, tu me connais, tourner en rond à la maison ce n'est pas trop mon truc !

Pour survivre au bal des hypocrites, il suffit d'endosser le costume. Finalement, ce n'est pas si compliqué.

— Je me réjouis de ton retour ! Et, pour le poste de *e-business manager*...

Je me demandais si elle allait aborder le sujet ou si elle allait se contenter de faire comme si de rien n'était.

— ... dans un grand groupe comme Uneco, il y a sans cesse de nouvelles opportunités qui se présentent et la prochaine est pour toi !

Ben voyons ! Et le Père Noël existe ! Quand je pense que cette femme a été mon mentor ces trois dernières années. Menteuse est un terme qui lui siérait mieux.

— Attendons d'abord de voir ce qui se présentera, je me contente de répondre en gardant mes sarcasmes pour moi.

Fabrice en est à son quatrième Schoko-Bons. Il se les fourre dans la bouche sans même lever les yeux de son écran. Je suis apparemment la seule à être dérangée par le bruit de l'emballage qu'on déplie et qu'on froisse. L'*open space*, cet espace convivial où l'information circule librement... comme les microbes et les bruits. Merci, le monde moderne. Alors qu'il attrape le sixième, je me dis que Fabrice est peut-être boulimique. Il cache un mal-être en se réfugiant dans la nourriture comme d'autres font des éruptions cutanées. Je me demande combien de personnes sont heureuses sur ce plateau. Probablement pas Mélanie qui tremble à chaque fois que Valérie lui adresse la parole. Une vibration sur mon portable vient interrompre ces réflexions fort intéressantes.

NUMÉRO INCONNU
Toujours partante pour ce verre ?
RAPHAËLLE
Je crois qu'il s'agit d'une erreur de destinataire.

Dommage, je serais bien allée prendre un verre en terrasse plutôt que de finir de trier mes emails en regardant les Schoko-Bons tourner dans la bouche de mon collègue Fabrice. #experienceimmersive.

NUMÉRO INCONNU
Alors, on ne reconnaît plus la famille ?

Non. Ça ne peut pas être *lui* ? Avec tous les chamboulements dans ma vie ces dix derniers jours, je l'avais complètement oublié. Ce qui n'est apparemment pas son cas.

RAPHAËLLE
Mon cher cousin ?
NUMÉRO INCONNU
Tu me rassures… j'ai cru un instant que tu m'avais oublié.
RAPHAËLLE
C'est l'entrée en matière qui m'a induite en erreur, je ne me suis jamais engagée à boire un quelconque verre…

Le champion ne doit pas être habitué à ce qu'on lui résiste.

NUMÉRO INCONNU
C'est important, il faut qu'on parle d'Emma… notre grand-mère. Je crois que son aide à domicile lui vole de la chicorée !

Il est joueur, j'aime bien. Et il a une bonne mémoire aussi.

RAPHAËLLE
Je suis rassurée sur tes intentions. Il y aurait quelque chose d'incestueux à sortir avec mon cousin.
NUMÉRO INCONNU
Je prends ça pour un oui.
RAPHAËLLE
Puisqu'il s'agit d'une urgence, je vais essayer de me libérer…
NUMÉRO INCONNU
Je suis à Dubaï cette semaine, on se voit à mon retour ?

Monsieur aime manifestement faire étalage de sa vie de jet-setteur, cependant ça pourrait être marrant d'y aller, pour voir ce qu'il a à raconter. Ou pour clouer le bec d'Agathe.

NUMÉRO INCONNU
Samedi prochain, 20 heures ?

Je souris en relisant notre échange, c'est marrant qu'il m'écrive aujourd'hui, pile au moment où je décide de reprendre ma vie en main. Et si c'était le destin qui m'envoyait la star du tennis pour pimenter un peu mon existence ? Peut-être même la poivrer.

Merde, je viens de mettre un cœur à Grégory Levant ! Maintenant il va penser que je suis une groupie.

## Chapitre 22

## Maux d'enfant

— Je suis content que tu sois là.

« J'ai mis de l'eau dans mon vin », comme dirait Rachel, j'ai appelé mon père cette semaine. Je ne peux pas garder éternellement cette rancœur en moi, elle me consume de l'intérieur. J'ai besoin de lui dire certaines choses pour faire la paix avec mon passé afin de pouvoir aller de l'avant. Il m'a invitée à déjeuner, Sylviane passe la journée avec une amie. J'ignore si c'était prévu ou s'il s'est organisé pour que nous soyons seuls, qu'importe, j'apprécie le fait que nous nous retrouvions tous les deux. Ce sera plus pratique pour les sujets que je souhaite aborder.

— Moi aussi, je réponds en attrapant un Apéricube.

Mon père et moi autour d'un apéritif, c'est étrange de nous retrouver dans cette configuration.

— Tu étais en vacances chez Rachel si j'ai bien compris ?

— J'étais en arrêt maladie… chez Rachel.

Nous n'avons jamais été doués pour nous dire les choses.

— Tu es malade ?

Je sens les mots bouillir en moi. Il faudrait mettre un peu d'ordre, tempérer avant de les laisser s'échapper.

— Ce que tu aurais su à l'anniversaire de Sylviane si tu avais daigné passer un peu de temps avec moi plutôt qu'avec vos chers voisins !

Trop tard.

— Raphaëlle, il est parfois difficile de savoir comment s'y prendre avec toi. Tu sembles toujours… en colère.

J'ai répété cette scène tellement de fois dans ma tête que j'ai l'impression que nous avons déjà eu cette explication, mais non, tout est à faire, à dire. Alors je me lance, fébrile :

— Et tu ne t'es jamais demandé pourquoi j'étais en colère ?

Le ton monte d'un cran, je ne parviens pas à me contrôler.

— Après la mort de maman, tu t'es éloigné, tu n'avais jamais de temps pour moi, tu m'as abandonnée…, je lâche, les larmes aux yeux, avant d'enchaîner tant que je me sens le courage de le faire. Et puis, du jour au lendemain, tu m'as rapporté une belle-mère et une « sœur », sans me demander si j'en voulais. Elles se sont installées chez nous, dans notre maison. Sylviane a pris la place de maman, elle a investi sa cuisine, son canapé, son jardin…

Voilà, j'ai vidé une partie de mon sac.

— Je me rends compte que j'ai été maladroit, que j'aurais dû te parler, balbutie mon père, mais je n'avais pas les mots…

— Pour demander Sylviane en mariage deux ans plus tard, tu les as trouvés, les mots ! je le coupe cinglante.

Il reste silencieux un moment. J'ai sans doute été, moi aussi, maladroite mais ça devait sortir.

— Quand ta maman est partie, mon monde s'est écroulé, j'ai perdu pied. Je me suis noyé dans le travail pour ne pas penser. Il fallait avancer, pour toi, pour nous, c'était un but qui me permettait de m'accrocher à quelque chose. Me la rappeler était trop douloureux.

Ses yeux sont remplis de larmes. Vingt ans plus tard, il n'arrive toujours pas à prononcer le mot « mort », comme si « partie » avait quelque chose de moins définitif.

— Je sais que je n'ai pas toujours été le père que tu aurais voulu, mais j'ai fait comme j'ai pu. Il n'a jamais été question que Sylviane remplace ta maman, ni auprès de toi ni auprès de moi. Ta mère était quelqu'un de tellement spécial...

Il marque une pause. Je ne l'interromps pas, c'est la première fois qu'il se confie. Avec ce que Rachel m'a rapporté sur mes parents et en l'écoutant aujourd'hui, je comprends à présent mieux sa réaction, ce que j'ai pris pour de l'indifférence n'en était pas. Mon père était un homme brisé et il était trop pudique pour le montrer.

— ... mais il fallait continuer à vivre. Sylviane est une personne généreuse et attentionnée qui rend mon quotidien plus doux. Et si je l'ai demandée en mariage, c'est parce que c'était important pour elle, je n'avais pas réalisé que ça te heurtait à ce point.

— À l'époque, à travers mes yeux de petite fille, j'y ai vu un signe que tu avais définitivement oublié maman.

Et puis, tu l'épousais, elle, alors que tu ne t'étais jamais marié avec maman...

— C'est Élisabeth qui ne voulait pas entendre parler de mariage, me coupe mon père, elle disait qu'elle n'avait pas besoin d'un bout de papier entre nous. Je crois surtout qu'elle avait peur que faire comme tout le monde nous fasse devenir comme tous ces gens à qui elle ne voulait pas ressembler. Ces couples qui finissent par se désaimer... la vie ne nous en aura pas laissé le temps.

— Je sais, Rachel m'a raconté. Si tu m'en avais parlé à l'époque, cela aurait pu nous éviter quelques « incompréhensions », j'ajoute en lui adressant un sourire en signe d'apaisement.

— Très probablement, reconnaît mon père en souriant à son tour. Tu sais, j'ai toujours pensé que tu finirais par apprécier Sylviane et Lauriane, que tu serais contente d'avoir une camarade de jeux...

Les choses auraient sans doute pu être différentes si ça n'avait pas été Javotte.

— Tu n'avais pas beaucoup de temps pour moi, alors quand il a fallu te partager, il ne m'est vraiment plus resté grand-chose...

— Je me suis retrouvé du jour au lendemain seul à m'occuper d'une petite fille de sept ans, à gérer la maison..., commente mon père pensif. Et puis, j'ai commencé à faire des petits boulots à côté de l'usine pour mettre du beurre dans les épinards, comme on dit. Je faisais l'entretien des jardins, je tondais les pelouses, taillais les haies...

J'ai effectivement le souvenir de mon père travaillant chez les voisins. Forcément, je ne me suis jamais posé la question de savoir pourquoi.

— Je voulais que tu ne manques de rien. Et même si je n'étais pas beaucoup à la maison, je trouvais toujours du temps pour te faire réviser tes tables de multiplication ou pour t'aider à apprendre tes poésies… sous la table de la salle à manger, tu te rappelles ?

Je me souviens soudain qu'il avait inventé cette idée loufoque pour rendre les devoirs plus ludiques. Comment ai-je pu oublier ces souvenirs joyeux ? Je nous revois répéter *La Cigale et la Fourmi*, moi assise en tailleur, lui allongé sur le ventre ou sur le côté pour une question pratique de taille. Mme Célestin, notre maîtresse de CM2, nous avait demandé d'apprendre la fable. Je trouvais la fourmi méchante, mon père avait répondu que la cigale était trop oisive et qu'elle payait son imprudence. Il avait ensuite insisté sur la nécessité de bien travailler à l'école pour ne pas finir comme la cigale. J'avais eu un dix sur dix à ma récitation. Jean de La Fontaine aurait-il malgré lui conduit des générations d'élèves au burn-out ?

— Oui, je me souviens…

Je prends conscience de ce que mon père a fait pour moi et je lui en suis sincèrement reconnaissante, pour autant il faut que j'aborde un sujet sensible. Sans cela, les choses ne pourront jamais s'apaiser entre nous.

— Mais ensuite, quand « elles » sont entrées dans notre quotidien…

J'ai moi aussi du mal avec certains prénoms à caractère trop définitif. Une fois que vous les prononcez, ils ne sortent plus de votre vie.

— … nous n'avons plus jamais été tous les deux. C'était toujours la « jolie petite famille recomposée » ou alors, quand tu n'étais pas disponible, c'est-à-dire souvent, tu m'envoyais vers Sylviane. Elle était gentille avec moi mais j'avais besoin de mon père.

— Je suis désolé… j'ai essayé de satisfaire tout le monde, s'excuse mon père visiblement affecté par mes reproches.

— Et puis combien de fois j'ai dû m'écraser devant Lauriane, parce que c'était la plus petite, parce que ses parents venaient de divorcer, pour qu'elle se sente à l'aise dans cette maison ? j'interroge en me laissant à nouveau emporter par l'émotion.

— Je sais que je t'en ai beaucoup demandé, je voulais juste que tout se passe bien. Il était plus facile de m'adresser à ma fille plutôt que de risquer de m'opposer à Sylviane au sujet de la sienne. C'était injuste, je m'en rends compte à présent.

Je suis contente qu'il le reconnaisse.

— C'était une gamine pourrie gâtée, capable de faire une crise parce que son papa ne lui avait pas offert le bon déguisement ! j'ajoute afin que les choses soient vraiment claires.

Son sourire me confirme que lui non plus n'a pas oublié cet épisode. Le père de Lauriane s'était trompé d'héroïne Disney, elle avait fini par déchirer le costume de colère parce qu'il n'avait pas voulu lui en acheter un autre.

— Raphaëlle, commence mon père la voix tremblante, bien sûr que j'aime Lauriane, cela fait vingt ans qu'elle fait partie de ma vie, mais toi tu es ma fille… nous t'avons tellement voulue avec ta maman et nous étions si heureux tous les trois, alors si je ne te l'ai pas assez dit, je te le dis aujourd'hui : je t'aime, ma fille.

Séquence émotion. Nous nous mettons à pleurer tous les deux.

Il n'y a plus de sauce autour du poulet rôti et les pommes dauphine ont pris un coup de soleil. Qu'importe, je me régale de ce moment. J'ai la sensation d'avoir retrouvé mon père. Je me sens apaisée, j'ai l'impression de ne plus être en guerre. C'est épuisant d'être en colère, cela consume notre énergie vitale.

Je lui ai promis de faire des efforts pour apaiser les relations avec Sylviane et Lauriane. J'imagine que ce doit être dur pour lui de nous voir sans cesse nous écharper. En revanche, qu'on ne me demande pas de devenir meilleure amie avec Lauriane ! Non, je vais plutôt la considérer comme une voisine qu'on inviterait régulièrement à manger. À ce titre je serai polie, serviable, souriante… enfin ça dépendra d'elle aussi. Voilà que je recommence alors qu'elle n'a encore rien fait. Je vais méditer sur la question. De son côté, mon père s'est engagé à nous réserver des moments tous les deux.

Je lui ai également parlé de mon séjour chez Rachel, et de la façon dont il l'avait rayée de nos vies. Je ne veux plus de non-dits entre nous. Il semble sincèrement content que j'aie renoué avec ma tante et je nourris secrètement l'idée de les réunir un jour autour d'une table, même s'il est encore trop tôt pour en parler.

Il m'a proposé de monter au grenier après le déjeuner, il a retrouvé un carton avec des affaires m'appartenant. Je suis curieuse de voir de quoi il s'agit.

# Chapitre 23

## Miroir, ô mon beau miroir

— « Débranche. Coupe la lumière et coupe le son. Débranche. Débranche tout ! Nanananananaaa… Revenons à nous* ! »

Danser le dimanche après-midi en pyjama dans mon salon a quelque chose de délicieusement régressif. J'espère que la voisine d'en face qui a pour habitude de me lorgner derrière sa vitre ne manque aucune miette du spectacle ! J'ai décidé de m'affranchir du regard des autres, et ce n'est que le début de ma mue, la nouvelle Raphaëlle est en train d'éclore. Fini de m'imposer des contraintes parce qu'un pseudo-gourou du bien-être ou une influenceuse ont dit que c'était bien. Je veux décider par moi-même de ce qui est bon pour moi, écouter mon corps avant qu'il ne se sente obligé de me recouvrir de plaques hideuses pour me forcer à l'écouter. En bref, faire une grasse matinée sans culpabiliser, de la gym si ça me chante ou aller voir une expo parce que j'en ai

* « Débranche », France Gall.

envie et pas parce que c'est l'événement à ne surtout pas manquer. Sinon quoi ? La vie n'est pas une longue liste de choses à cocher, la vie se vit pleinement, elle se croque ! Et, dans la mesure du possible, elle se choisit. Depuis mon retour de Normandie, je découvre l'univers de France Gall, les textes de Michel Berger sont si contemporains, les mots résonnent en moi. #debranche.

Mathilde a proposé qu'on se voie aujourd'hui mais j'avais besoin de me poser pour assimiler tout ce qui s'est passé, remettre de l'ordre dans mes idées. Nous sortons tous les trois avec Jérémy cette semaine, et cette fois, je promets qu'aucune urgence boulot ne me fera abandonner mes amis à la dernière minute.

Le carton du grenier contenait mes anciens journaux intimes, je pensais les avoir égarés ou jetés. Cela représente une jolie collection de carnets, les goûts et le style ont évolué au fil des années. Je m'installe confortablement dans mon canapé, prête à plonger dans mes souvenirs d'enfance. Un mouvement sur mon téléphone attire mon attention. Je résiste à la tentation de regarder, cela fait aussi partie de mes résolutions. Qui que ce soit, il ou elle peut attendre. Et si c'était Grégory Levant ? D'un autre côté, je ne vois pas pourquoi il m'écrirait. Pour m'envoyer une photo de lui en maillot sur une plage de Dubaï ? Je ne dirais pas non. Ou parce qu'il a un empêchement pour samedi prochain ?

Je savais que je n'aurais pas dû regarder ! Des photos de Sandrine. Cela pourrait suffire à me provoquer une nouvelle éruption cutanée. Pour raison médicale, je décide de la mettre en mode silencieux. Pour toujours. Il en va de ma santé mentale et générale. Alors que j'attrape un premier journal, je me demande si je devrais m'abonner au compte Instagram de mon *cousin*. Suivre son actualité pour avoir des sujets de conversation samedi. Bien sûr que non, cela démontrerait un trop vif intérêt. C'est fou comme on peut rapidement se laisser détourner de ses objectifs. Je m'empresse d'ouvrir le carnet avant que mon esprit ne se laisse à nouveau distraire.

*J'avais un gros nœud dans les cheveux. J'ai demandé à papa de m'aider à le démêler, il a tiré tellement fort que j'ai dit que j'allais me débrouiller. Ce que j'ai fait, j'ai coupé la mèche. Plus de nœud. Plus de problème. Il n'a même pas remarqué.*

*Sylviane et Lauriane ne feront jamais partie de notre famille. Elles sont des pièces rapportées d'un autre puzzle qui n'a rien à voir avec notre photo de famille !!!*

*Christophe Madère m'a demandé de sortir avec lui. S'il n'était pas sorti avec Marine la semaine dernière j'aurais accepté, pour essayer.*

*Aujourd'hui, j'ai eu mes règles. Les copines disaient que c'était génial d'avoir ses règles. C'est juste dégueu. Mathilde m'a donné quelques serviettes pour me dépanner, il faudra que je demande à Sylviane de m'en acheter. J'aurais préféré ne pas avoir à partager mon intimité avec ma BM mais je n'ai pas le choix, je me vois encore moins demander à papa !*

*Je déteste Lauriane !!! Son père lui a acheté le pull que j'avais vu dans la vitrine de New Jeans et que papa n'a pas voulu m'acheter. Elle a juré qu'elle ne savait pas. Et papa la croit !!! Je voudrais, comme Cendrillon, que le prince craque pour moi, comme ça je lui demanderais de chasser Javotte du royaume !*

Les souvenirs me reviennent à la lecture de ces confidences d'adolescente. Je me souviens qu'elle avait fait une tache de ketchup à la cantine dès la première semaine. #instantkarma. Je me sens plus sereine à présent que j'ai fait la paix avec papa. Je ne ressens plus ce sentiment d'injustice au creux de mon ventre.

*Sébastien Verdier m'a embrassée avec la langue. C'est comme les règles, dégueu.*

*Alexandre Roubaix m'a embrassée avec la langue. C'était magique !!!*

*Hier après-midi, nous avons regardé un téléfilm chez Mathilde :* Dis-moi oui. *Plus tard, je veux être organisatrice de mariages comme Lucie Saint-Clair ! Choisir des fleurs, tester des gâteaux, rendre les gens heureux… ça a l'air tellement génial.*

J'avais complètement oublié cette vocation très vite avortée. Je revois la scène, un dîner « de famille » où nous parlions de ce que nous voudrions faire quand nous serions plus grandes. Lauriane avait répondu vétérinaire, elle était dans sa période animaux domestiques.

Il y avait eu Trudy la tortue, Pif le poisson rouge, c'était à présent le tour de Tom le hamster qui ne tarderait pas à rejoindre ses petits camarades au cimetière. Papa s'était enthousiasmé devant ce noble choix. Tu parles, elle n'était déjà pas capable de changer l'eau de son poisson rouge ! Bizarrement, il l'avait été beaucoup moins à l'idée que je devienne organisatrice de mariages. « Ce n'est pas un métier sérieux ! », « Pour réussir dans la vie, il faut un vrai travail ! ». Alors, j'ai enfermé ce rêve de gosse dans un cahier et j'ai travaillé dur. Aujourd'hui, j'occupe un poste de cadre dans un grand groupe, on pourrait en déduire que j'ai réussi. Pourtant, à force de poursuivre un objectif, je me suis perdue, j'ai oublié mes rêves. Toutes ces années, la petite fille en colère en moi n'a eu de cesse de vouloir s'élever socialement. La femme, aussi, est un animal social. Le travail nous apporte un statut, une place dans la société, une identité... au risque de nous faire oublier notre propre personnalité. Est-ce que ça serait grave de ne plus vouloir être cette fille ambitieuse qui cherche à tout prix à faire carrière ? Lâche d'abandonner au premier revers ? Bien sûr que non, je n'ai rien à prouver à personne, c'est ma vie. Et je ne veux plus passer mes journées à faire semblant d'être une personne que je ne suis pas... ni à porter des escarpins qui me font mal aux pieds ! Voilà au moins deux choses que je sais !

Je pense beaucoup à maman, je crois que notre ressemblance va bien au-delà d'un regard. En renouant avec mes racines, je suis en train de découvrir qui je suis. Même si je n'ai pas encore toutes les réponses, ça décante, comme le bon vin. Raphaëlle Levant est un grand cru. Et ma bonne fée veille sur moi, nous nous écrivons régulièrement, parfois juste un petit mot, une façon de dire « je pense à toi ». Je me sens plus forte de la savoir à mes côtés.

En me brossant les dents, je relis, satisfaite, les nouveaux post-it qui sont venus remplacer les anciens. « Je suis libre d'être moi », « Je me fous du regard des autres », « J'ai le droit de me planter », « L'avenir appartient à ceux qui se lèvent », « Je ne sais pas ce que je veux faire quand je serai plus grande ». Parce qu'on a le droit de ne pas savoir, de se poser des questions, d'être paumé. Je ne pense pas être la seule à ne pas trouver ma place. Alors, pourquoi ne pas être complètement honnête pour une fois ?

Je saisis mon téléphone et souris à la fille à la bouche pleine de dentifrice dans le miroir. Je poste la photo avant de changer d'avis : « #moi #etresoidevraitetresuffisant #dimancheenpyjama ».

Inutile d'ajouter #nofilter, je pense que ça se voit.

## Chapitre 24

## Évidemment…

— J'ai mis un cœur !

— Et ? interroge Jérémy, impatient de connaître la suite.

Ma vie sentimentale a toujours beaucoup amusé mes amis, cette fois c'est encore plus croustillant dans la mesure où mon « prétendant » est une personnalité publique.

— C'est tout, je réponds en haussant les épaules. J'étais mortifiée, je n'ai pas voulu en rajouter !

Jérémy et Mathilde sont morts de rire, j'avoue qu'avec le recul je trouve ça drôle aussi.

— Il pense forcément que ça veut dire oui !

— Je sais…, je bougonne en sirotant mon cocktail.

— Tu dois y aller, c'est une expérience à vivre au moins une fois dans sa vie ! affirme Jérémy comme s'il était question d'un saut en parachute.

Je ne suis pas certaine d'être pressée de me retrouver en couverture des tabloïds. « Grégory Levant aperçu au restaurant avec une inconnue. » Pourtant, je crois qu'au fond de moi je sais déjà que je vais y aller.

— C'est sans doute l'aspect immoral d'une relation incestueuse avec ton cousin qui te retient, me taquine Mathilde.

Tous les deux connaissent mes petits « arrangements » avec la réalité. Je ris de bon cœur. Avec eux, nul besoin de tricher, je suis moi-même, c'est à cela qu'on reconnaît ses vrais amis.

— Tu ne vas pas te défiler, j'ai trop hâte d'entendre le portrait chinois de la star du tennis !

— Dans ce cas, c'est d'accord, j'y vais mais dans un but purement anthropologique !

— À la science ! plaisante Mathilde en venant choquer mon verre.

— Qui sait, tu pourras peut-être en profiter pour approfondir tes connaissances en anatomie ! ajoute Jérémy en m'adressant un clin d'œil.

C'est bon de les retrouver, de rire comme avant. Je réalise à quel point ce genre de soirée m'avait manqué. Ces derniers mois, ma vie sociale s'est essentiellement résumée à des soirées professionnelles ou à des sorties pour tester un nouvel endroit en vue d'un futur *event*. Et, dans le peu de temps libre qu'il me restait, j'étais souvent trop épuisée pour trouver l'énergie de faire quoi que ce soit.

— En parlant de jouer au docteur, Jérémy, tu vois toujours ta copine Nina ?

Il s'agit d'une fille un peu spéciale avec laquelle il sort par intermittence depuis six mois, rien de sérieux. Je sens comme un léger malaise. Mathilde semble le percevoir également puisqu'elle tourne sa paille dans son verre vide en prenant soin de regarder ailleurs.

— Non, je suis célibataire ! finit par répondre Jérémy en se levant. Je vais nous reprendre une tournée, la même chose pour tout le monde ?

— J'ai dit quelque chose qu'il ne fallait pas ?

Mathilde me regarde en haussant les épaules.

— Aucune idée, je n'ai jamais entendu parler de cette Nina.

Il a peur que Mathilde le prenne pour un pervers si je raconte qu'elle aime débarquer chez lui nue sous son manteau et qu'il la laisse chaque fois entrer ? Lorsqu'il revient quelques instants plus tard, tout sourire avec nos verres, je me dis que je réfléchis trop.

— On va danser ?

Deux fois non.

— Allez, j'insiste en tirant le bras de Mathilde.

— Je n'ai pas envie, mais vas-y toi.

Après des mois d'hibernation, j'ai envie de m'amuser, de légèreté. En me faufilant pour rejoindre la piste improvisée où quelques filles se déhanchent déjà, je pense à maman et sa robe à paillettes au bal du village. C'est la jeune femme que je veux être, une personne sûre d'elle et libre, alors je ferme les yeux et je laisse mon corps s'imprégner de la musique. Lorsque je les rouvre, mes amis me sourient en levant leur verre à ma santé, je me sens bien, heureuse. C'est peut-être ça la définition du bonheur, saisir des petits instants fugaces.

Je travaille chaque jour à être davantage moi-même, il y a encore du chemin à parcourir. Des décisions à prendre, plus ou moins grandes. Quitter Uneco. Mais chaque chose en son temps, pour le moment je n'ai aucune idée de ce que j'ai envie de faire. Je pourrais ajouter « *Step by step* » aux post-it de la salle de bains. Ce qui peut sembler à contre-courant dans un monde du tout immédiat qui a oublié ce qu'était la patience. Mon post philosophique de dimanche n'a pas emballé les foules. Il aurait très probablement eu plus de succès si je portais un string plutôt que mon pyjama pilou-pilou. Mais la nouvelle moi ne vendrait pas ses fesses au diable pour quelques likes ! Elle préfère les bouger sur une piste de danse.

Je commence à fatiguer, j'ai perdu l'habitude de faire la fête. Le bar s'est rempli, autour de moi des gens plus ou moins sobres rient, s'effleurent, s'embrassent. Je cherche Mathilde et Jérémy pour leur dire que Cendrillon va rentrer se coucher. Lorsque je les aperçois en grande discussion, ça me saute tout à coup aux yeux. Mais bien sûr ! Je suis trop bête ! Comment j'ai pu ne rien voir avant ?

## Chapitre 25

## Publicité mensongère

Le conte dit que si Cendrillon doit rentrer avant minuit, c'est parce que son carrosse se change en citrouille, mais je crois surtout que c'est pour éviter la bouche pâteuse et le mal de crâne le lendemain en briquant les sols. Et, un mal n'arrivant jamais seul justement, j'avais complètement oublié que j'étais en formation toute la journée : « *We are Uneco* ». Plus pour très longtemps en ce qui me concerne ! Le groupe a décidé de lancer un vaste programme de séminaires internes pour renforcer la marque employeur et les liens entre collaborateurs. Qu'ils ne comptent pas sur moi pour traiter mes emails à la maison ce soir, c'est fini tout ça !

Brune est venue nous présenter son « bébé ». J'ai le privilège d'être invitée au baptême même si nos relations se sont quelque peu distendues. Après plusieurs refus de ma part, elle et Agathe ont fini par cesser de me proposer d'aller déjeuner, nos rapports se limitent désormais à des échanges de courtoisie lorsque nous

nous croisons à la machine à café ou ailleurs. Certaines personnes sont faites pour parler et être écoutée, Brune est de cette espèce. Elle jubile sur l'estrade d'avoir l'auditoire pour elle toute seule. Robe courte en tweed bleu marine, escarpins assortis, bague d'une célèbre maison de joaillerie facilement reconnaissable, brushing impeccable, elle est parfaite. Un véritable clone de Valérie. On se déguise pour être pris au sérieux. L'époque (pas si lointaine) où j'avais besoin d'une tenue pour me sentir légitime est révolue. Aujourd'hui, je me sens à l'aise dans ma robe longue fleurie et ma paire de *sneakers*. J'avais envie de douceur… et de confort. Je crée mes propres codes.

— … sur ce projet *high potential* nous avons travaillé en étroite collaboration avec l'agence BestPartner…

Un nom de gagnant.

— … et je suis heureuse de vous présenter Fabrice Dumoulin, qui sera votre formateur aujourd'hui.

— Bonjour à toutes et à tous. Je suis très honoré de m'être vu confier la délicate mission…

Je suis dans un tunnel, je n'entends plus, ça va couper. Sourire commercial, formules ampoulées, discours lissé, Fabrice Dumoulin-À-Paroles est l'archétype du mec prétentieux qui se croit investi d'une mission vitale.

— Vos précieux retours nous aideront à ajuster le programme, l'idée est de le « cascader » ensuite sur les différents sites du groupe, poursuit Brune qui a repris la parole.

Moi, j'ai envie de pousser « monsieur Propre-Sur-Lui » du haut des chutes du Niagara. Une autre façon de cascader.

— Fabrice a préparé un *ice breaker* pour commencer, je le laisse vous en dire plus… *Have fun, guys !* lance Brune avant de refermer la porte derrière elle.

Nous sommes sept heureux participants, des cobayes triés sur le volet pour valider ce pilote : une juriste, deux commerciaux, un informaticien, une comptable, Sophie Rocher – l'assistante de Jean-Charles Messager – et moi. #baptemeenpetitcomite.

— Comme vous l'a annoncé Brune, nous allons commencer par un exercice ludique pour *breaker* la glace ! Prenez un bout de papier et écrivez deux affirmations vous concernant, une vraie, une fausse.

*1 / Je sais jouer de la clarinette.*

*2/ À 12 ans, j'ai décidé que j'étais coiffeuse et j'ai coupé les cheveux de ma petite sœur.*

Je vous laisse deviner laquelle de ces deux affirmations est fausse. C'est parti pour une journée de lavage de cerveau ! Si seulement ça pouvait faire passer ma migraine.

Je consulte discrètement mon téléphone. 11 heures. Comment cela est-il possible ? J'aurais parié que c'était déjà l'après-midi ! Le formateur commence à énumérer les valeurs de l'entreprise, mes camarades écoutent religieusement : entretenir la passion, demeurer curieux, innover, respecter chacun, être intègre. Un discours inspirant qui pourrait induire en erreur. Sur le papier, ou sur un site web, cela paraît très attractif, cependant on est loin de la réalité. À des années-lumière même de ce que je vis au quotidien, des méthodes de management qui consistent à presser les collaborateurs. #jenesuispasuncitron.

— Vous êtes les ambassadeurs d'Uneco ! scande Fabrice, à fond dans son rôle de gourou *corporate*. Chacun d'entre vous a un rôle essentiel à jouer…

J'espère qu'il va nous servir des Ferrero avec le café ! Nouveau tunnel, nous devons nous trouver dans une zone montagneuse. Je pense aux paroles de Michel Berger : « Si on te fait danser sur une musique sans âme / […] Si tu réalises que ta vie n'est pas là, / Que le matin tu te lèves / Sans savoir où tu vas, / Résiste. » Le regard réprobateur de Gaëlle Dequenne me fait prendre conscience que je suis en train de fredonner. « Résiste »* n'est manifestement pas dans le *tone of voice* de la boîte. Ses collègues du service juridique ne doivent pas s'amuser tous les jours. Cette formation a au moins le mérite de me conforter dans ma décision de quitter cette entreprise dans laquelle je ne me retrouve plus. Je pourrais postuler chez un concurrent, ou un autre grand groupe, avec mon CV j'aurais des chances d'être embauchée mais à quoi bon recommencer ailleurs ? J'ai le sentiment que j'ai besoin d'autre chose.

J'ai prétexté un rendez-vous pour échapper au déjeuner organisé. Avant, je me serais sentie obligée d'ajouter « médical » pour indiquer qu'il s'agissait de quelque chose d'important qui justifiait mon absence. Alors que tout est dans la détermination. J'ai choisi d'aller me promener à Saint-Germain-des-Prés, voir si l'herbe y est plus verte et aussi pour ne pas risquer de croiser

* « Résiste », France Gall.

quelqu'un du bureau. Alors que je flâne dans les rues en mangeant mon wrap avocat-saumon, j'éprouve un sentiment de liberté en savourant cet instant volé. Je crois que j'aime assez l'idée d'être une mauvaise élève. Je prends un selfie, j'ai la bouche pleine de mayonnaise mais c'est bien moi. Je l'envoie à Rachel avec le message « Coucou de la nouvelle Raphaëlle qui profite de la douceur printanière » avant de ranger mon téléphone dans mon sac. Lorsque je relève la tête, j'aperçois Valérie qui arrive droit sur moi. *Ma* Valérie, elle ne m'a pas encore vue, toutefois l'impact est inévitable.

— Raphaëlle, qu'est-ce que tu fais là ? interroge ma boss sur un ton inquisiteur. Tu n'es pas à la formation ?

Je la trouve tendue depuis ses vacances, les enfants Leroy ont dû faire un lâcher de grenouilles dans la piscine de l'hôtel.

— J'avais une course à faire, je réponds sans me départir de mon sourire.

Il est hors de question de la laisser gâcher ma bonne humeur, encore moins en dehors du bureau.

— Dans ce quartier ? insiste-t-elle.

Je pourrais lui retourner la question.

— Tout à fait.

Détermination.

— Et toi ? je demande ne voyant pas pourquoi je devrais être la seule à me justifier.

— Pareil. Une course à faire. Il faut que je te laisse, j'ai une réunion, conclut ma boss avant de tourner les talons aiguilles.

Cette rencontre était pour le moins étrange. On aurait dit que Valérie était mal à l'aise de me croiser ici.

Elle sortait peut-être de chez sa dermatologue. Apparition de plaques ? Ce qui serait surprenant étant donné qu'elle délègue le travail à ses subordonnés. Alors que je spécule sur les raisons qui auraient pu l'amener dans le quartier, je remarque un hôtel quatre étoiles un peu plus loin sur le trottoir. Noooon ! Et pourquoi pas ? Si ça se trouve, elle retrouve Victor-Emmanuel pendant sa pause déjeuner pour faire des galipettes. OK, tout ceci n'est que pure supposition et je me fais sans doute des gros films mais je me dis que ça vaut la peine de traîner un peu sur un banc, au cas où. Je décide de finir mon déjeuner assise au soleil.

Je manque de m'étrangler avec la dernière bouchée de mon wrap en voyant un visage familier sortir du fameux hôtel mais ce n'est pas celui auquel je m'attendais. Alors ça, c'est un scoop, Valérie Delobel a une aventure extra-conjugale avec Jean-Charles Messager ! Elle qui ne manquait jamais une occasion de me laisser entendre qu'ils avaient une vie sexuelle très active pour un couple marié depuis dix ans ! Apparemment pas assez.

## Chapitre 26

## Pêche au gros

Il a choisi un restaurant qui a ouvert il y a quelques semaines à peine, le genre d'endroit où il faut s'y prendre des mois à l'avance pour avoir une table. Être un VIP rend la vie plus facile. Bizarrement, je me sens moins excitée que je l'aurais pensé à l'idée de ce rendez-vous. Je crois que je suis fatiguée de ces rencontres éphémères parce que, soyons lucide, cette histoire ne va pas finir par « ils vécurent heureux et eurent beaucoup d'enfants » mais au mieux par « ils vécurent une folle nuit de sexe et eurent beaucoup d'orgasmes ». J'ai repensé à ce que m'a dit Rachel sur le vertige de tomber amoureuse, je devrais peut-être essayer pour voir ce que ça fait, au lieu d'envisager les hommes comme des produits consommables. #amantjetable.

À mesure que j'approche, je me demande ce que je fiche ici. Je m'apprête de toute évidence à prendre un cours particulier de tennis. Est-ce que j'en ai vraiment envie ? Bof. Il est encore temps de rebrousser chemin, prétexter une intoxication alimentaire qui me cloue au lit. Je parie qu'à son prochain passage dans la capitale il m'aura déjà oubliée. Oui, c'est ça, je vais rentrer chez moi, je tranche, déterminée, en m'arrêtant net devant la porte du restaurant. Je vais aller regarder une série tranquille. Alors que je fais demi-tour, mon téléphone sonne, « Cousin G » s'affiche sur l'écran. C'est lui ! Pas de panique. Ignorer son appel, j'ai la tête au-dessus de la cuvette des WC, je ne peux pas répondre.

COUSIN G
C'est bien ici ! Je suis dans le hall. ;)

C'est foutu, il m'a vue. On tire la chasse, on affiche un grand sourire et on y va. Esquiver n'est plus à l'ordre du jour.

Chemise blanche retroussée sur les avant-bras, jean, baskets, mon « cousin » respire la coolitude et la testostérone aussi. Je me félicite d'avoir opté pour une tenue décontractée. Il m'accueille dans une grande accolade comme si nous étions intimes avant de me faire la bise. À peine installés, il propose de prendre du champagne, lorsque le serveur apporte la bouteille, je comprends que Grégory Levant n'est pas du genre à faire les choses à moitié. Le cadre est magnifique. Ambiance feutrée, banquettes en velours, bar en marbre, un décor qui ferait un super post Instagram. #dateavecmoncousin #cestcomplique. Néanmoins, je me demande toujours pourquoi je suis là tout en essayant de lister mentalement des questions afin d'éviter les blancs dans la conversation. Tu joues au tennis depuis quel âge ? Tu te plais à Londres ? J'aurais dû préparer des fiches avant de venir.

— Si tu me racontais comment nous en sommes arrivés à être cousins germains…

Ça, c'est un *ice breaker*. Fabrice Dumoulin devrait en prendre de la graine.

— Eh bien, tout est parti d'un quiproquo…

Il m'écoute, amusé, lui raconter mon entretien d'embauche, comment je n'ai pas nié notre lien de parenté et comment je me suis retrouvée empêtrée dans un mensonge qui m'a dépassée.

— C'est de ta faute en quelque sorte, si tu n'étais pas si célèbre, rien de tout cela ne serait arrivé…, je conclus, joueuse, avant de reprendre une gorgée de ce champagne délicieux dont je ne veux pas connaître le prix et encore moins payer la note.

— Je comprends, dans ce cas je suis content que tu aies accepté mon invitation à dîner pour me faire pardonner !

Sourire charmeur, regard bleu azur, teint légèrement hâlé, allure athlétique, aucun problème à signaler au niveau des pieds, tous les ingrédients sont réunis, pourtant le charme n'opère pas sur moi. C'est peut-être notre lien de parenté qui me bloque. Ou alors je suis devenue insensible à force de me convaincre que je n'avais besoin de personne. Si toutes ces années j'ai remisé ma vie sentimentale au second rang, c'est avant tout pour pouvoir me concentrer sur ma carrière. Et peut-être également par peur de m'ouvrir, de souffrir ? Risquer d'être abandonnée encore une fois ? Voilà que je m'autoanalyse, je vais faire de sacrées économies quand on sait combien coûte une consultation chez un psy.

— Tu étais à Dubaï pour le travail ? j'enchaîne pour éviter de me perdre dans mes divagations.

— Oui, on m'a demandé d'intervenir dans une conférence.

— N'en parle pas à ma boss, s'il te plaît, ça pourrait lui donner des idées ! je plaisante à moitié.

— Tu es déjà allée à Dubaï ?

— Non.

Je n'ose pas préciser que la destination ne me tente pas spécialement.

— Il faut absolument que tu y ailles ! Cette ville est démente, tu peux faire des trucs complètement dingues… comme du ski en plein désert !

Je ne vois pas trop pourquoi j'irais skier dans le désert alors que j'ai les Alpes à côté. Ou alors dans quelques années, quand elles auront fondu.

— Pourquoi pas un jour si l'occasion se présente…

Qui sait, il me proposera peut-être de m'emmener dans son jet privé à la fin du dîner, mieux vaut ne fermer aucune porte (d'embarquement).

— Ça te dit qu'on commande ? J'ai un peu faim.

À vrai dire, j'ai moi aussi un petit creux.

— Du *sharing*, ça te va ? poursuit Grégory en parcourant le menu.

— Oui, très bien.

Un signe de sa main et le serveur est là. Attention, je pourrais vite m'habituer à ce genre de traitement de faveur. Mais prépare-toi, ma fille, à voir ta cellulite en couverture de *Voici* sur les photos volées de vos vacances de rêve sous les tropiques.

— Nous allons prendre les pizzetas à la truffe… le saumon gravlax… et du caviar, cinquante grammes.

Je me retiens de justesse de faire une grimace.

— Tu as toujours habité Paris ? reprend Grégory, désireux de faire plus ample connaissance ou rompu à l'exercice des mondanités.

J'hésite.

— Non, j'ai grandi à la campagne…

J'imagine que sa question sous-entendait plutôt : « Tu as habité dans une capitale européenne ou un pays du Moyen-Orient ? »

— Dans quel coin ?

— La Seine-et-Marne.

— Tu n'es pas trop dépaysée alors !

Il est drôle, et je ne peux pas nier que je passe un moment sympa. Enfin, ça, c'est avant que le serveur n'apporte les amuse-bouches. Je m'en sors pendant quelques instants en me ruant sur le saumon et les pizzetas jusqu'à ce qu'il se mette en tête de me fourrer un blini dans la bouche. Il a dû voir la scène dans un film.

— Je n'aime pas le caviar ! je m'écrie juste à temps.

J'ai passé l'âge où on me forçait à manger des épinards. Le blini stoppe sa course dans les airs.

— Tu n'aimes pas le caviar ? interroge Grégory, choqué, comme si je venais de lui confier « je préfère te prévenir tout de suite, j'ai trois seins ». Tu aurais dû le dire…

Il est gonflé ! Ce n'est pas comme s'il m'avait demandé mon avis. Je n'ai toutefois pas le temps de lui livrer le fond de ma pensée puisque nous sommes assaillis par deux fans en chaleur. Enfin surtout lui.

— Grégory ! lance une des filles en se dandinant dans sa robe qui ne cache pas grand-chose de son anatomie.

— Salut, les filles !

Mon voisin de table leur décoche le même sourire charmeur qu'il me sert depuis tout à l'heure. Il n'a que celui-ci en stock.

— Désolée de te déranger…, poursuit sa copine en minaudant.

Aucun souci, faites comme si je n'étais pas là.

— … est-ce qu'on peut te demander un autographe ?

— Bien sûr…, répond Grégory en attrapant le stylo et les serviettes en papier que la jeune femme lui présente.

Être star est de toute évidence un métier.

— Et est-ce qu'on pourrait abuser en te demandant un selfie ? implore fan numéro un en joignant ses mains dans une prière.

Oui, je confirme, c'est carrément abusé. Nous sommes en train de dîner, notre caviar va refroidir.

— Avec plaisir, accepte Grégory en se levant pour prendre la pose au milieu de ses deux admiratrices, parfaitement conscient de son pouvoir de séduction.

*Axe, laissez le charme agir.*

J'ai attendu la fin des amuse-bouches, je suis une fille bien élevée, mais lorsqu'il m'a proposé d'aller prendre un verre ailleurs j'ai décliné. « La groupie du pianiste », très peu pour moi. Il a insisté, sans doute habitué à ce que les filles se jettent à ses pieds, je n'ai pas cédé. Au risque de décevoir Jérémy, je n'ai pas envie de coucher avec une rock star de la raquette pour « l'expérience ».

Je suis à peine de retour dans mon appartement que les messages fusent dans notre nouveau groupe WhatsApp.

LES TROIS MOUSQUETAIRES

JÉRÉMY

On veut des news !

MATHILDE

Alors, il est comment en vrai ???

JÉRÉMY

Donne-nous au moins un indice sur la température ambiante…

MATHILDE

Elle est peut-être trop occupée pour nous répondre. ;)

RAPHAËLLE

Je vous rappelle que je l'ai déjà vu « en vrai », c'est précisément la raison de ce *date* !

JÉRÉMY

Vous en êtes où ?

RAPHAËLLE

Sur mon canapé…

JÉRÉMY

C'est chauuuuuud !!!

MATHILDE

Profite !

RAPHAËLLE

Je vous fais marcher… enfin je suis bien sur mon canapé, mais seule.

MATHILDE

Ça s'est mal passé ?

JÉRÉMY

Il ne s'est rien passé ?

RAPHAËLLE

J'aurais pu grimper au filet si j'avais voulu mais j'ai préféré passer mon tour. Je suis en phase d'introspection, je reconsidère ma conception des relations sentimentales.

JÉRÉMY

C'est-à-dire ?

RAPHAËLLE

Les applis, les coups d'un soir… je crois que ce n'est plus pour moi.

MATHILDE

Est-ce que tu deviendrais romantique ?

RAPHAËLLE

Il ne faut pas exagérer non plus. ;) Je vous laisse, je vais aller me servir une ou deux boules de glace, on ne mange pas beaucoup dans ces endroits à la mode !

Installée confortablement sur mon canapé, le pot de glace et une cuillère à proximité (finalement c'est plus savoureux de manger à même le pot), j'ouvre mon carnet et je commence à noter.

Si j'étais un sport… le tennis.

Si j'étais un objet… un stylo pour signer des autographes.

Si j'étais un animal… un œuf d'esturgeon.

## Chapitre 27

## Ascenseur

Je jubile intérieurement en voyant la mâchoire tombante d'Anthony lorsque je sors de l'ascenseur. T-shirt blanc à message « No stress », jupe en jean aux genoux, babies argent, cheveux remontés haut perchés dans le foulard de maman et rouge à lèvres vermillon. Une tenue qui me ressemble. S'il veut jouer le bon petit soldat d'Alain Caron, grand bien lui fasse. Moi je ne me déguise plus.

— Salut, Anthony ! je lance en avançant d'un pas léger vers ma cage à lapin.

Après une étude approfondie ces dernières semaines, c'est ce que m'inspire ce grand plateau où nous sommes tous ensemble mais chacun parqué dans son coin, derrière des panneaux nous conférant une intimité feinte. Zoo d'Uneco, enclos des grandes oreilles.

La mine défaite qu'affiche ma collègue lorsque j'arrive à mon poste pourrait presque entamer ma bonne humeur.

— Salut, Mélanie, tu n'as pas l'air dans ton assiette, qu'est-ce qui se passe ?

— Le traiteur ne peut pas servir les verrines artichaut et truffe noire pour le buffet de la semaine prochaine, il dit que ce n'est pas la saison…

— Tu m'as fait peur, j'ai cru que quelqu'un était mort !

— Mais Valérie les adore…

Elle ira se consoler dans les bras velus de Jean-Charles Messager.

— Elle devrait s'en remettre. Si ce n'est pas la saison, qu'est-ce que tu peux y faire ? Le traiteur ne va pas lui en pondre !

Ma jeune collègue me regarde, stupéfaite.

— Si je peux te donner un conseil, prends un peu de distance avec tout ça…

Je vois que le message ne passe pas.

— Essaie de te rappeler que tout ceci n'est qu'un job, je me contente d'ajouter.

Libre à elle de faire ses choix, son propre chemin.

J'allume mon ordinateur, ajuste mon siège, ouvre ma messagerie, glisse mes écouteurs dans mes oreilles. Tous ensemble mais chacun dans sa bulle. Je travaille actuellement sur un petit-déjeuner « Réveille le barista en toi ! » qui vise à promouvoir nos laits végétaux. La cible ? Des gérants de café et des influenceurs qui deviendront bientôt prescripteurs de notre marque. Un projet pour lequel j'ai carte blanche et où je peux laisser pleinement s'exprimer ma créativité, qui me confirme que j'aime toujours organiser des événements. Pour autant, j'en suis certaine à présent, je ne me reconnais plus dans les cocktails guindés ou dans notre grand gala annuel. Je crois que l'idée est en train de faire son chemin.

Je me crispe en apercevant un message de Sarah Lemarchand, alias Mlle Sarah L. sur les réseaux. Cette fille joue les divas, elle n'arrête pas de me contacter pour des requêtes particulières. Elle est invitée à boire un café gratuit, pas à monter les marches du Festival de Cannes ! Il faut qu'elle dégonfle un peu son ego. Je me note de ne plus la solliciter à l'avenir. Quel que soit le job, il y aura toujours des parasites, il faut faire avec. J'inspire un bon coup en me disant que cette « demoiselle » ne mérite pas que je m'énerve pour elle. Je pense plutôt à mon rendez-vous avec le barista demain matin pour valider la carte des « recettes ». Voilà un aspect très sympa de mon métier.

SOPHIE
Toujours bon de ton côté pour le déjeuner? Je t'attends en bas.
RAPHAËLLE
Désolée, je n'avais pas vu l'heure. J'arrive !

La matinée est passée à toute vitesse. Mise à part la diva capricieuse, tout le monde semble content de participer à cette rencontre, les gens ne sont pas blasés, ça me change. Je sauvegarde mon document et me presse pour retrouver Sophie. La formation « *We are Uneco* » nous a donné l'occasion de faire plus ample connaissance, je lui ai proposé de déjeuner ensemble aujourd'hui. Elle a accepté avec plaisir, elle semble avoir du mal à trouver sa place ici, je ne peux que la comprendre. Au moment où les portes vont se refermer, Agathe s'engouffre dans l'ascenseur. Elle me détaille de la tête aux pieds.

— Waouh...

Son ton m'indique qu'il ne s'agit pas du « Waouh ! Canon, ton look ! » mais plutôt du « Waouh » réprobateur.

— Waouh quoi ? je demande en affichant un sourire faux-cul comme elle sait si bien le faire.

— Un peu osée, ta tenue pour le bureau… En tant que cadre, nous nous devons de montrer l'exemple, nous sommes les ambassadeurs de la marque…

Agathe a de toute évidence avalé trop de Ferrero, son cas est désespéré.

— Je t'arrête tout de suite, je déclare sans me départir de mon sourire, tu peux garder ton laïus *corporate* pour d'autres, je me dois de rien du tout. On me paye pour organiser des événements, c'est tout…

Cela m'a pris un certain temps mais j'ai fini par comprendre que je n'avais rien à me reprocher et que je ne devais surtout pas me dévaloriser.

— … et pour rappel, on travaille dans l'agroalimentaire, pas dans les pompes funèbres ! je conclus, déterminée à ne plus accepter les remarques pleines de sous-entendus d'Agathe et des gens de son espèce. #lescondescendants #lesconstoutcourt.

Les portes de l'ascenseur s'ouvrent avant qu'elle n'ait le temps de trouver une répartie. Le timing est parfait. Le regard qu'elle me lance lorsqu'elle s'aperçoit que je vais retrouver Sophie pour le déjeuner m'indique ce qu'elle pense de mes nouvelles amitiés. Et je m'en moque complètement.

Valérie m'a demandé de passer la voir pour faire un point. Je remarque sur le bureau une coupelle avec des cristaux énergétiques qui n'était pas là avant, elle est positionnée à côté du portrait de famille. Un moyen d'aider ma cheffe à canaliser ses remords de tromper son formidable mari ? Ou d'être un bourreau de travail avec son équipe. Je suppose qu'il s'agit d'une énième recommandation d'Anastasia. Je me demande si elle essaierait d'ingurgiter un de ces cailloux si la thérapeute le lui conseillait.

Ses hochements de tête qui alternent avec des « OK » m'indiquent qu'elle est satisfaite. Mon esprit a beau être déjà un peu ailleurs, je tiens à rester professionnelle, je continue de m'appliquer dans ce que je fais. Le souci du travail bien accompli, les stigmates d'une éducation.

— C'est bon pour moi. On se voit tout à l'heure à la visio ?

Comprendre : par écran interposé. Aujourd'hui, les gens ne se donnent même plus la peine de descendre un étage pour se rassembler dans une salle, chacun se connecte depuis son poste. L'individualisme est en passe de devenir une vertu cardinale de notre siècle.

— Je ne peux pas participer ce soir, on se voit demain, je me contente de répondre sans plus d'explications.

J'ai hésité à ajouter « malheureusement », puis j'ai décidé que non, il n'y a rien de malheureux à avoir une vie en dehors du boulot. Quelle idée de mettre des réunions à 18 h 45 ? Il faut savoir poser des limites, comme avec les enfants. Depuis trois ans, mon employeur me teste, à force de tout lui céder je me retrouve aujourd'hui avec un ado ingrat qui pense que tout lui est dû ! Je dois rejoindre Mathilde à 18 h 30 pour prendre un verre en terrasse, entre les deux mon choix était vite fait.

— Ah… très bien. À demain alors, marmonne Valérie en se retenant de faire un commentaire.

Ma supérieure hiérarchique ne semble pas apprécier mes nouvelles résolutions, à savoir revenir à des horaires normaux et cesser de rapporter du travail chez moi. Le lien prétendument privilégié que j'entretenais avec elle est rompu. Finis les échanges de bonnes adresses et finies les confidences sur les petits tracas quotidiens de madame, parce qu'il était rarement question de moi. Je ne suis clairement plus dans les petits papiers de Valérie Delobel. Ascenseur social, vous êtes arrivée au −1 !

Alors que je regagne mon bureau, j'ai soudain une fulgurance, toutes ces années j'ai essayé de fuir mes origines de peur qu'elles ne m'enferment : « fille d'ouvrier », « classe populaire ». J'avais tort. Renouer avec mes racines m'a permis de prendre conscience qu'elles ne me définissent pas, elles font partie de moi, elles sont mon socle, une des fondations sur lesquelles je me suis construite, elles sont ma différence. Libre à moi d'écrire mon histoire. J'en suis désormais persuadée, ne pas avoir eu ce poste est en fait une chance.

Je fais demi-tour, prête à descendre au −1.

## Chapitre 28

## Tous mes vœux de bonheur

— Laissez-moi deviner, vous allez vous marier ? interroge la femme au sourire engageant assise en face de moi.

— Je n'ai pas encore trouvé la personne avec qui faire le grand saut…

Et cela ne semble pas près d'arriver. Je n'ai même plus de rencard d'un soir, je me suis désinscrite d'Affiniclick sur un coup de tête. Je me console avec mon vibromasseur, j'ai une vie sexuelle avec moi-même.

— Dans ce cas, je peux vous demander la raison de votre visite ?

— Je suis là pour le poste.

Le mois qui s'est écoulé depuis mon retour au bureau m'a confirmé que si je veux que les choses bougent, il faut que ça vienne de moi. Partir, changer de voie, l'idée est devenue plus concrète le jour où j'ai commencé à en parler à Mathilde et Jérémy. Ma meilleure amie est ravie que je me décide enfin à quitter cette boîte toxique. Pour un groupe qui se vante de contribuer au bien-être de la planète, c'est un comble. Et parfaitement concrète, le jour où j'ai présenté ma démission à Valérie, la semaine dernière. Sa réaction a été décevante, comme je m'y attendais. Elle a cherché à me culpabiliser, déplorant ma précipitation à partir suite à une déconvenue professionnelle, regrettant vivement que je laisse parler mon ego. Elle se trompe, je laisse surtout parler mon cœur en rouvrant cette porte aujourd'hui.

— Rappelez-moi votre nom, nous avions rendez-vous ? semble hésiter mon interlocutrice.

— Raphaëlle Levant. Non, j'ai préféré venir me présenter en personne.

— Vous m'avez envoyé votre CV ? Nous avons échangé par emails ?

J'ai consulté les offres d'emploi, fait une rapide étude de marché des différents acteurs du secteur dans la capitale, éliminé d'emblée les sites trop « guimauve » et, surtout, je me suis fiée à mon instinct en regardant les photos de mes potentiels futurs employeurs. Laurence Masson est celle qui m'inspirait le plus. Je me suis présentée à l'agence en espérant qu'elle pourrait me recevoir. Elle se demande de toute évidence si sa mémoire est en train de lui jouer des tours.

— Non plus… Je suis à peu près certaine que vous ne m'auriez pas répondu si je vous avais envoyé ma candidature.

— C'est plutôt culotté comme démarche, mais puisque vous êtes là, je vous écoute.

Je lui présente mon parcours, études, stages, CDI chez Uneco. Je dis les choses comme elles me viennent, je n'ai pas répété mon discours pendant des heures devant mon miroir. Aujourd'hui, j'ai décidé d'être spontanée, moi-même. Je suis détendue, je ne joue pas ma vie, je suis là pour un emploi. Il y en a plein d'autres en région parisienne. J'énumère ensuite quelques-unes de mes récentes missions avant de lui expliquer que je souhaite me réorienter dans les mariages.

— Votre profil est très intéressant, cependant je n'organise pas de mariages de stars, avec votre expérience vous risquez de vous ennuyer.

— Je sais, je recherche justement une entreprise à taille humaine. J'ai passé assez de temps dans une grande structure pour savoir que ce n'est pas pour moi.

— Et pourquoi les mariages ?

— Un rêve de petite fille que j'avais laissé de côté...

Pourquoi faudrait-il ranger son âme d'enfant à l'âge adulte ?

— ... mais qui prend tout son sens à présent, je poursuis, consciente qu'il va falloir développer un peu plus pour la convaincre de ma motivation. Accompagner de futurs mariés pour concevoir un mariage qui leur ressemble serait un excellent moyen de donner du sens à mon métier. D'y apporter une dimension chaleureuse, humaine qui est aujourd'hui essentielle pour moi. Quoi de plus gratifiant qu'aider des amoureux à organiser le plus beau jour de leur vie ?

Je sens qu'il est important pour cet entretien informel que j'ajoute cette phrase même si je n'y crois pas. La plupart des mariages partent en cacahuète à un moment ou un autre. Il y a toujours un oncle un peu trop alcoolisé pour venir gâcher la fête, ou, ex æquo, une belle-mère *omnichiante*. Et surtout, j'espère pour les mariés qu'ils connaîtront d'autres jours incroyables, autrement autant sortir tout de suite la corde pour se pendre.

— Eh bien, vous semblez résolue et vous avez de toute évidence les compétences nécessaires mais c'est tout de même très éloigné de ce que vous faites actuellement…

Pourtant, plus j'y songe et plus devenir *wedding planner* me semble une évidence. Pourquoi les rêves d'enfants ne pourraient-ils pas être pris au sérieux ? Cependant, elle n'a pas complètement tort, avant de me lancer je préférerais prendre certaines précautions afin de ne pas me tromper une nouvelle fois.

— Ma démarche va sans doute vous paraître surprenante, mais j'aimerais vous proposer de vous accompagner pendant deux jours pour m'assurer que le métier correspond à l'idée que je m'en fais et aussi afin de vérifier mutuellement que nous pouvons travailler ensemble. Une sorte de période d'essai pré-embauche !

Quand on y pense, cela paraît fou de s'engager pour un poste sans l'avoir testé au préalable. Honnêtement, tout le monde ment dans les entretiens d'embauche, des deux côtés.

— J'avoue que c'est la première fois qu'on me fait une offre pareille, néanmoins je dois reconnaître que ce n'est pas dénué de bon sens…, commente ma peut-être future boss en réfléchissant. Après tout, pourquoi pas ! Vous seriez disponible quand ?

— La semaine prochaine ?

— Les 16 et 17 mai, nous serons à J–3 du mariage Bonnard, ça vous donnera une idée assez précise du métier.

— C'est parfait.

Le début de ma nouvelle vie. Je sens que cette reconversion va me donner des envies de marier les gens... et j'ai déjà deux candidats potentiels.

# Chapitre 29

## La cigale

Je suis heureuse de me retrouver dans *mon* jardin. Les arbres sont en fleurs, nous sommes installés sous la pergola. Même si cette maison n'a plus rien à voir avec celle qui m'a vue grandir, j'y ai de précieux souvenirs et désormais je veux les chérir. Papa est au barbecue, son territoire, Sylviane n'a pas son mot à dire. Elle qui aime tout contrôler dans la cuisine rôde mais mon père la renvoie gentiment à ses salades composées. Maintenant que je les observe avec un regard neuf, je dois admettre qu'ils sont bien ensemble. J'ai été égoïste toutes ces années de ne pas vouloir reconnaître que cette femme douce et affectueuse contribuait à son bien-être, à son bonheur même. J'ai fini par me rendre compte que Sylviane n'était pas à mettre dans le même sac que sa fille. Comme le coq du père Crapard ? Et si j'abandonnais Javotte dans le bois à la sortie du village ? Stop. J'ai promis à papa de faire des efforts.

Ma charmante demi-sœur a convié son dernier « amoureux » en date pour le déjeuner, un type insignifiant un peu trop à l'aise à mon goût. Ça doit faire le cinquième qu'elle nous ramène à la maison, avec elle il y a un sacré *turnover* ! Je me suis toujours demandé ce que ces mecs venaient chercher ici. Un repas gratuit ? Apparemment papa et Sylviane le connaissent, d'où ses manières familières comme ce « vous êtes tout en beauté » à ma belle-mère ou encore cette accolade à mon père pour lui dire bonjour. Je choisis de l'ignorer afin qu'il ne vienne pas gâcher ce moment en famille recomposée. Je n'ai qu'à me dire que c'est une plante d'ornement (moche) et l'imaginer comme tel pour le reste de l'après-midi. Une plante qui se déplace et se propose de servir le champagne. S'il peut être utile à quelque chose, après tout pourquoi pas ?

— J'ai une annonce à faire ! déclare Lauriane en levant sa flûte.

Je crains le pire. La dernière fois, elle allait partir faire une retraite de six mois dans un ashram en Inde. Je crois surtout qu'elle cherchait un moyen de prendre sa retraite avant d'avoir commencé à bosser ! Malheureusement, ça ne s'est pas fait.

— Nous allons nous fiancer !

Et merde, un cactus ! Le genre de plante dont on ne se débarrasse pas facilement.

Sylviane est aux anges, papa abandonne son poste pour venir féliciter les futurs mariés. Je fais de même. Lauriane arbore fièrement son solitaire et se lance dans le récit détaillé de la demande de Teddy, c'est son nom. Papa me passe une main chaleureuse dans le dos, une façon de me signifier qu'il est là. Je prends mon mal en patience, ce n'est qu'un déjeuner. Et potentiellement le premier d'une longue série. Grrrrr. L'apéritif se prolonge, on parle déjà date, robe et faire-part. On ouvre une deuxième bouteille pour l'occasion, dommage que je conduise, je ne peux pas boire.

Papa nous informe qu'il est temps de passer à table, la viande est cuite. Sauvée par les grillades ! J'essaie de m'asseoir le plus loin possible du couple, autour d'une table de cinq couverts la chose n'est pas aisée.

— Sylviane, ta salade sucrée-salée est délicieuse.

— Oh, merci ! répond ma belle-mère, visiblement touchée par mon compliment.

C'est sincère. Elle teste régulièrement de nouvelles recettes trouvées sur les réseaux et c'est souvent une réussite.

— Et ma viande ? feint d'être jaloux papa.

— Les grillades sont par-faites ! j'exagère, volontairement taquine.

— Je préfère ça, plaisante mon père avec un sourire.

Je suis heureuse de cette relation apaisée avec mon père, je réalise que c'est plus important pour moi que je ne voulais bien me l'avouer.

— Lauriane m'a dit que tu travaillais chez Uneco, impressionnant. Tu bosses dans quel domaine ? interroge de but en blanc mon futur demi-beau-cactus.

— Eh bien, puisque nous en sommes au registre mariage, j'ai moi aussi une annonce à faire ! je réponds spontanément. Même deux. La première : j'ai donné ma démission… et la seconde : je change de voie, je vais devenir *wedding planner* !

Oui, je sais, j'aurais pu présenter les choses différemment mais c'est plus fort que moi, Lauriane m'énerve.

— Félicitations ! commente le presque nouveau venu dans la famille avant de donner son avis que je n'ai pas demandé. Mais ce n'est pas un peu risqué de quitter une boîte comme Uneco pour te lancer dans les mariages ?

Le genre de réaction à laquelle je dois m'attendre au bureau. La sécurité. Être raisonnable. Quand est-ce qu'on pense à vivre ?

— Les mariages, c'est bien quand c'est toi qui te maries mais pas quand tu dois organiser ceux des autres ! ironise Lauriane ramenant l'air de rien la conversation à elle et me balançant de manière à peine voilée une pique.

— Connaissant Raphaëlle, je suppose qu'elle n'a pas pris cette décision à la légère, intervient mon père avant de poursuivre à mon attention, alors si c'est ce que tu veux, je suis heureux pour toi, ma fille !

Ses paroles me touchent. Je n'ai pas besoin de l'aval des autres pour me conforter dans mon choix, cependant l'avis de certaines personnes compte, comme celui de mon père ou encore celui de Rachel. Ma tante est au moins autant emballée que moi par cette reconversion, elle m'imagine parfaitement dans ce job. Avoir des gens bienveillants autour de soi donne des ailes. De fée ?

— Et qui sait ? Raphaëlle pourrait organiser votre mariage ! suggère Sylviane en pensant bien faire.

Je n'avais pas envisagé cette éventualité. Toutefois, inutile de commencer à chercher une excuse pour ne pas organiser le plus beau jour de leur vie, quelque chose me dit qu'ils ne tiendront probablement pas jusque-là.

Après le déjeuner, papa me propose que nous allions marcher tous les deux. J'apprécie de l'avoir un peu pour moi toute seule. Il respecte mon choix de vouloir quitter ce monde de l'entreprise qui ne me correspond plus, il me trouve même courageuse d'oser me lancer. Je lui expose mon projet de créer un jour ma propre agence, cependant nous n'en sommes pas encore là. Mon « stage d'initiation » s'est bien passé, je pense sincèrement que je pourrais m'épanouir dans cette profession, et Laurence Masson est telle que je l'avais imaginée, dynamique, bosseuse, directe mais sympathique. Elle doit me faire parvenir une offre dans les prochains jours que je vais accepter, même si elle sera forcément inférieure à ce que je gagne actuellement. Je veux être une cigale insouciante et pourquoi pas imprudente aussi parfois, je suis certaine que maman aurait approuvé.

# CHAPITRE 30

## L'EAU ET LE VIN

Le ton est donné dès le rez-de-chaussée avec une hôtesse d'accueil hautaine. La vue sur les toits de Paris est jolie mais elle ne suffit pas à compenser. Valérie a choisi un de ces endroits « branchés », je dirais une adresse prétentieuse, pour notre réunion d'équipe. La clientèle est principalement composée de jeunes femmes sur leur trente-et-un… ce qui correspond à peu de chose près à la longueur de leur jupe en centimètres. Je me demande où vont dîner les gens normaux qui ne semblent pas sortis des pages d'un magazine et, accessoirement, ceux de plus de trente-cinq ans. À présent, ces lieux m'ennuient, je trouve qu'ils manquent d'authenticité.

Ma boss attend sans doute de moi que je fasse un post pour montrer à quel point travailler chez Uneco est formidable. Qu'elle demande à quelqu'un d'autre, moi je suis déjà ailleurs. J'ai signé mon contrat chez Laurence M. Wedding, je commence le 1er août, en pleine saison des mariages. Avec tous les congés qu'il me restait à prendre, j'ai négocié un départ à la fin du mois de juin.

Une fois par an, Valérie réunit ses collaborateurs ainsi que les responsables communication des divisions pour un grand *team building*. Une journée de réunion qui se termine par un dîner qui promet d'être long aujourd'hui.

— Tu nous gâtes ! fayote Anthony en levant son verre à son attention.

« Faux-cul ». Mot compte triple. 63 points. Je sais que les noms composés sont interdits au Scrabble, toutefois je suis sûre que Marcelle me l'accorderait.

— C'est normal, au vu des résultats, nous le méritons !

J'ajoute un « s » à faux-cul. 22 points.

Il ne me reste plus que deux semaines à tenir. Je prends mon mal en patience en buvant ce millésime dont j'ai oublié le nom.

— Valérie, l'interpelle Antonia qui est chargée de la communication pour la division Produits laitiers & végétaux, j'aimerais partir en week-end avec mon petit ami à Rome, tu aurais un hôtel à me recommander ?

Je me sens spectatrice de cette grande tablée où chacun joue un rôle pour plaire. L'enjeu varie selon les personnes, être accepté ou garder sa place. Il y a quelques mois encore, j'étais comme eux. Il était temps que je me réveille ! La naïve Antonia se figure que si elle fréquente les mêmes endroits que la cheffe, elle fera partie de son monde, elle deviendra un peu *elle*. #clonagedebrebisgaleuse.

Le dîner s'éternise, le reste de mon saumon nage dans un bouillon insipide. Je me sens étrangère à ce microcosme social où les membres s'enorgueillissent de leurs ressemblances. De partir en vacances au même endroit, de lire les mêmes livres, de boire les mêmes vins… Quelqu'un a pensé à informer Valérie et Jean-Charles des risques de consanguinité ?

— Raphaëlle !

C'est à croire que ma boss peut lire dans mes pensées.

— Oui ?

— Ça serait sympa de nous arranger quelque chose avec ton cousin avant ton départ. Il semblait plutôt partant la dernière fois pour venir à notre prochain gala. Alain, qui joue au tennis, serait ravi !

Décidément, cette femme ne recule devant rien. Il est hors de question que je la mette en contact avec Grégory Levant. Pour qu'elle s'attribue tout le mérite en plus ? Depuis notre « *date* de famille », les algorithmes se sentent investis de la mission de me tenir informée de ses faits et gestes. Aux dernières nouvelles, il roucoulait dans les bras d'une jeune chanteuse de vingt-cinq ans. Le goujat a eu vite fait de me remplacer.

— Je crains malheureusement que cela ne soit plus à l'ordre du jour… Nous sommes en froid, une tristement banale histoire d'héritage, j'énonce avec un aplomb qui me surprend moi-même.

Ma boss se désintéresse instantanément de ma personne pour se lancer dans le récit de la préparation du spectacle de fin d'année de son fils Ethan, comme si quelqu'un en avait quelque chose à faire. Pourtant Antonia l'écoute avec la plus grande attention, à croire qu'il est question du gala annuel.

— Tu as déjà retrouvé un poste ? me questionne ma collègue Julie.

— Oui, je réponds en me fendant d'un sourire.

— C'est super, tu vas chez qui ?

Elle aimerait savoir si je pars chez un concurrent. Ou dans quel grand groupe parce que les choses doivent forcément être ainsi.

— Je me spécialise dans l'organisation d'événements pour particuliers…

Anthony a cessé sa conversation avec sa voisine de table, mes collègues sont pendus à mes lèvres, à l'exception de Valérie et Antonia qui sont toujours à la kermesse. Ils veulent assouvir leur soif de curiosité et espèrent probablement secrètement que je me plante. Le transfuge a forcément tort.

— … les mariages, je dis finalement, mettant ainsi fin au suspense.

— Les mariages « mariages » ? répète Julie qui semble avoir beugué.

— Oui, les mariages.

— C'est temporaire ? interroge Anthony, dénigrant délibérément mon futur travail.

J'hésite à lui balancer ses quatre vérités entre le plat et le dessert, ou mon verre d'eau, ce qui me rappelle un des précieux conseils de ma tante que je décide finalement d'appliquer. À la lettre.

— Qu'est-ce que tu fais ? s'insurge Anthony en me voyant vider le contenu de mon verre.

— Je mets de l'eau dans mon vin… pour éviter de te dire tout haut ce que je pense de toi, ça risquerait de gâcher la fête.

— Ça ne va pas ? s'écrie à son tour Valérie. Tu as complètement perdu la tête ! Tu connais le prix de cette bouteille ?

— Non mais personnellement, je ne la trouvais pas si exceptionnelle ! je lâche en quittant la table, prise d'un besoin soudain de changer d'air.

Je me dirige machinalement vers les toilettes. #airwick. Mon petit esclandre va encore faire jaser. Qu'importe, ce morveux avait besoin d'être recadré.

Lorsque j'essaie de ressortir quelques minutes plus tard, je n'arrive pas à tourner le verrou. Mes mains sont moites, je les essuie sur ma robe, sans plus de succès. Me voilà coincée dans les toilettes !

— Eh oh, y a quelqu'un ? je tente d'abord doucement.

Pas de réponse.

— Il y a quelqu'un ? je répète plus fort en tapant sur la porte.

Forcément, non. Personne ne fait pipi dans ce genre d'endroit chic !

Mes collègues vont remarquer mon absence. Ou pas, ils vont penser que je suis partie. En plus j'ai pris ma pochette avec moi à cause de mes protections hygiéniques.

Je ne vais quand même pas y passer la nuit. Je tape comme une forcenée sur la porte, quelqu'un va finir par m'entendre.

— Qu'est-ce qui se passe ?

Une voix masculine. J'ai peut-être crié plus fort que je le pensais.

— Vous m'avez entendue ! Merci ! Merci !

— Je peux faire quelque chose pour vous ?

— Je suis coincée dans ces maudites toilettes modernes !

— Essayez de tourner le verrou...

— Vous croyez que je n'ai pas déjà essayé ? je le coupe.

— Inutile de vous énerver, j'essayais de procéder par élimination. On passe donc directement à la phase deux...

Quelle perspicacité.

— Il faut démonter la serrure, je vais aller chercher un tournevis.

— Abattez la porte si ça vous chante, je veux juste sortir !

— Je vais voir à la réception s'ils ont une trousse à outils...

— Tant que vous ne leur demandez pas un sourire ! je marmonne pour moi-même.

J'entends un rire puis le silence, il est probablement parti.

— C'est horrible, mes cheveux ne ressemblent à rien, il faut que j'aille voir Sebastian pour qu'il me pose des extensions !

J'ai envie de dire à la demoiselle en détresse qu'il y a plus horrible encore, être enfermée dans les WC.

— Un peu de volume ne leur ferait pas de mal mais tu es magnifique, ma chérie.

Heureusement que je ne dois pas compter sur ces filles pour me sortir de là. À moins que Raiponce ne me lance sa chevelure par-dessus la porte. J'étais plutôt douée pour grimper à la corde au collège.

— Bonsoir... je m'excuse par avance mais je vais devoir entrer dans les toilettes pour dames.

Ouf, il est revenu.

— Bien sûr, entrez...

Gloussements.

— Vous êtes toujours là ?

— Oui, par où voulez-vous que je sois passée ? Par la cuvette ? je plaisante, soulagée qu'il soit de retour.

— Rassurez-vous, je n'essaie pas d'entrer par effraction, quelqu'un est coincé à l'intérieur.

Je devine qu'il s'adresse à celles qui sont de l'autre côté de la porte.

— Je veux bien être coincée moi aussi..., pouffe une des deux poules.

Pffff.

— Eh oh, McGyver, vous ne m'oubliez pas ! je m'impatiente, agacée que les glousseuses le distraient.

— Je vous rassure, j'ai parfaitement entendu votre « pffff ».

— Il ne vous était pas adressé.

— J'avais compris. Encore un peu de patience, j'y suis presque... et voilà.

Lorsque la porte s'ouvre enfin, ce sont ses yeux que je remarque en premier, puis son sourire.

— Merci, je balbutie, ne sachant pas trop quoi dire d'autre.

Ce doit être le choc de l'enfermement.

— Je vous en prie, Guillaume pour vous servir.

— Raphaëlle.

— Vous ne voulez plus sortir ?

Sa question me fait réaliser que je suis en train de me présenter devant la cuvette des WC.

— Si... Il faut croire que je peine à réaliser que je suis enfin libre, je tente de plaisanter en m'empressant de sortir.

Il me regarde, amusé.

— Quel acte héroïque ! minaude une des filles du Club 31, comme je l'aurais parié.

Eh oh, c'est mon sauveur !

— Ah, Raphaëlle, te voilà, on se demandait où tu étais passée ! s'écrie ma collègue Julie en déboulant dans les WC.

Décidément, c'est l'heure de pointe !

— J'étais enfermée dans les toilettes...

La platitude de ma réponse me fait penser à la réplique de Bébé dans *Dirty Dancing* : « Ben quoi, c'est pas un crime de porter une pastèque. » J'ignore pourquoi je pense à cette scène maintenant.

— Quoi ? interroge-t-elle incrédule comme si j'avais inventé cette histoire.

Ce n'est pas mon genre.

— Les desserts sont servis, tu viens ?

Pour ce que j'en ai à faire des desserts, avec l'autre tronche de cake d'Anthony en plus.

— J'arrive...

Julie ne semble pas comprendre mon message subliminal, pas plus que Raiponce et sa copine, elle reste plantée là à m'attendre.

— Bon, eh bien, encore merci...

— Tout le plaisir était pour moi..., me répond Guillaume en me fixant de ses yeux noirs qui me transpercent.

C'est joli, Guillaume.

« Et si tu veux me dire, / Ce que tes yeux veulent me dire, / Je t'en prie, n'attends pas la fin de la nuit, / Débranche*. »

---

* « Débranche », France Gall.

## Chapitre 31

## Cadeau d'anniversaire

MATHILDE
Départ !!! LE GPS annonce une arrivée à 19 heures. Trop hâte ! Tu penses pouvoir te libérer bientôt ?
RAPHAËLLE
Oui, j'ai presque terminé…

Il s'agit d'un mensonge, mais pour la bonne cause celui-ci. Promis, j'ai fini de m'inventer une vie qui n'est pas la mienne. Je suis partie du bureau il y a une heure, j'ai voulu éviter d'être dans le flux de tous les Parisiens qui quittent la capitale le vendredi soir. Je fais une pause-café sur une aire d'autoroute.

MATHILDE
Top ! Tu es sûre qu'on peut prendre la location sans toi comme la réservation est à ton nom ?

RAPHAËLLE

Oui, le propriétaire a laissé les clés dans un boîtier à côté de la porte, je t'envoie les détails. Vous n'aurez qu'à m'attendre dans le jacuzzi. ;)

MATHILDE

Avec une bouteille de champagne. ;)

Elle ne croit pas si bien dire ! J'ai tout prévu avec Hugo, il m'a demandé de l'appeler par son prénom, une bouteille de bulles avec alcool attend mes meilleurs amis dans le réfrigérateur à leur arrivée. J'ai pensé que le Champomy de Jean-Charles ne convenait pas pour la circonstance. Je les ai invités à venir passer le week-end dans la Marne pour célébrer mes trente-deux printemps. La date officielle est mercredi mais Jérémy n'était pas disponible la semaine prochaine, sa nièce fait sa communion. J'espère que ça ne me portera pas malheur de le fêter en avance ! Cependant, dans la mesure où je ne le fête pas vraiment, je ne pense pas courir trop de risques. J'ai eu un coup de cœur en voyant le gîte sur le site. Le charme de l'authentique, la proximité des caves pour les visites et le jacuzzi sur la terrasse avec vue sur les vignes, et les étoiles le soir si la météo est de la partie. Je croise les doigts, j'ai vraiment essayé de faire mon maximum pour que tout soit parfait. Après, certaines choses ne dépendent pas de moi.

Il est 19 h 10 lorsque je me gare dans la petite impasse familière. Juste à temps pour ma surprise. Je ne suis pas descendue de voiture que les premiers messages arrivent.

MATHILDE

C'est canon !!!

JÉRÉMY

Dis-moi que c'est ta résidence secondaire et qu'on peut revenir ici quand on le souhaite !

J'adorerais, toutefois, je doute que ce soit dans mes moyens, et encore moins avec ma baisse substantielle de revenus à venir. Je devrai probablement revoir mon train de vie à la baisse dès la rentrée mais je suis prête, je suis confiante que c'est pour le meilleur.

MATHILDE

Il y a deux chambres, je prends la plus grande pour nous deux ? En plus, la salle de bains a une baignoire. ;)

RAPHAËLLE – MATHILDE

Bien entendu ! La gent féminine est en supériorité ce week-end !

RAPHAËLLE – JÉRÉMY

Commencez l'apéro sans moi, j'ai un léger contretemps… Vous devriez trouver du carburant au frais.

JÉRÉMY

J'espère pas trop long le contretemps…

RAPHAËLLE – JÉRÉMY

Je vous tiens au courant.

JÉRÉMY

Ok. Le proprio ne s'est pas foutu de toi, c'est une bouteille de champagne !

J'en sais quelque chose, c'est même moi qui l'ai choisie.

RAPHAËLLE – JÉRÉMY
Trop sympa !

Elle m'attend sur le pas de la porte, je suis heureuse de revenir dans cette maison où je me sens chez moi. Un jour, je ferai découvrir ce petit havre de paix à mes amis, mais pour l'heure, un autre programme les attend. Nous nous étreignons, puis je monte déposer mes affaires dans ma chambre, nous avons nos petites habitudes, c'est la quatrième fois que je séjourne aux Patapans.

— Ça te dit de prendre un verre dans le jardin avec ce beau soleil ? propose Rachel lorsque je la rejoins dans la cuisine.

— Avec plaisir.

Nous nous installons sur le salon en fer forgé, il était rangé dans le cabanon lorsque je suis venue en mars. Des fruits, des légumes et beaucoup de fleurs sont venus remplacer les quelques pieds de choux d'alors, c'est très bucolique. J'adore ces soirées d'été où il fait chaud et jour tard. Il faudra patienter encore un peu pour les étoiles. À ce propos, il est temps que je leur annonce la « mauvaise » nouvelle.

— Tu m'excuses un instant, j'ai un message à envoyer, j'annonce à ma tante, complice.

— Je trouve génial ce que tu es en train de faire pour tes amis…

— Il était temps que je me rachète !

RAPHAËLLE – MATHILDE

Un voyant s'est allumé sur ma voiture ! Par précaution, je préfère passer au garage avant de prendre la route. Je vous rejoins demain matin…

MATHILDE

On ne va pas fêter ton anniversaire sans toi, c'est nul !

JÉRÉMY

Mat' me dit que tu as un problème de voiture. Tu veux qu'on vienne te chercher ?

RAPHAËLLE – JÉRÉMY

Vous n'allez pas faire trois heures de route, ça n'a pas de sens. Je devrais être là pour la visite de cave demain après-midi.

J'ai réservé celle des grands crus, quand on aime on ne compte pas.

JÉRÉMY

On fait comme ça.

RAPHAËLLE – JÉRÉMY

Buvez à ma santé. ;) Et envoyez-moi une photo du jacuzzi histoire de me faire languir.

JÉRÉMY

Mathilde voulait t'attendre…

RAPHAËLLE – JÉRÉMY

C'est idiot, vous n'allez pas vous priver !

RAPHAËLLE – MATHILDE

Je serai là avant midi. Profitez de votre soirée.

MATHILDE
Merci. Tu vas adorer l'endroit! Hâte de te retrouver demain…

— Tu penses que ton plan va fonctionner ? interroge ma tante lorsque je repose mon téléphone.

— J'en suis sûre ! Ces deux-là sont amoureux, ça crève les yeux. La question que je me pose est : vont-ils conclure ce soir ou demain ? Avec ces grands timides, je ne sais pas trop…

— Entremetteuse, *wedding planneuse*, tu as trouvé ta voie ! me taquine ma tante. Au fait, puisque nous en sommes à la rubrique sentimentale, je vois quelqu'un !

— Non ! C'est qui ?

— Je t'ai déjà parlé de lui…, me nargue Rachel.

— Je crois qu'on peut éliminer Jean-Louis le boucher…

Elle éclate de rire.

— Je sais ! je m'écrie soudain en me rappelant une conversation. Charles, celui qui a ouvert le bar à vin…

— Oui, confirme ma tante avec un large sourire. C'est récent, mais on s'apprécie beaucoup…

Je me réjouis pour elle. Il est divorcé depuis quatre ans, a deux grands enfants, il était commercial pour une grosse boîte puis il a eu envie de se poser.

— Moi aussi, j'ai rencontré quelqu'un, je lance sans réfléchir, mais je l'ai laissé filer…

— Tu vas le revoir ? s'emballe aussitôt Rachel.

— J'en doute, je ne connais que son prénom, Guillaume.

Je lui raconte notre rencontre pour le moins ubuesque dans les toilettes. Depuis trois jours, je me refais la scène en boucle, cette sensation étrange que j'ai ressentie et l'impression que lui aussi aurait aimé prolonger l'instant… Pas forcément aux toilettes. En plus, j'ai eu le temps de regarder ses pieds, il portait des Gazelle* bleu marine, c'était bien parti. Pourquoi j'ai suivi Julie ?

— C'est une rencontre digne d'une comédie romantique !

— Les WC, je ne trouve pas ça particulièrement romantique…

— Ce que tu me racontes m'a tout l'air d'un coup de foudre, ma belle.

— À sens unique, probablement. Je suppose qu'il n'est pas venu seul dans ce restaurant…

— Il était peut-être avec des collègues, comme toi. Ne pas faire de supposition… un des quatre accords toltèques ! indique ma tante en agitant son index.

Nous décidons de dîner dans le jardin. Rachel semble ravie qu'un garçon ait fait chavirer mon cœur, comme elle dit. Dans la mesure où je ne le reverrai jamais, je ne vois pas en quoi c'est une bonne nouvelle. Vers 22 heures, je reçois une photo prise du jacuzzi, ce qui devrait faciliter un rapprochement. Enfin, j'espère, je ne peux quand même pas demander à Hugo d'aller leur donner un coup de pouce !

Rachel est en train de cueillir des fraises pour le déjeuner. Cheveux remontés en chignon, jean, t-shirt blanc,

* Modèle de basket Adidas.

Birkenstock et corbeille en osier à la main, je suis certaine que ma tante ferait naître des vocations pour le jardinage si je postais une photo sur Insta. Ferdinand, qui coupe les fleurs fanées en bleu de travail et bottes de l'autre côté du grillage, beaucoup moins. Je savoure mon café en contemplant le paysage, cette nature dense et généreuse. J'ai aussi fait la paix avec la campagne, j'apprends à l'apprécier. Pour autant, je n'en suis pas encore au stade où je pourrais y habiter mais j'aime venir m'y ressourcer.

— Rachel, je peux t'emprunter tes bottes ?

— Si tu veux... mais elles risquent d'être un peu grandes.

— Ça ne fait rien.

Elle chausse du 40, je fais un petit 38, forcément je flotte un peu dedans mais ça fera l'affaire. J'immortalise mes pieds devant un massif de fleurs avant de poster « Accepter d'être qui on est et le revendiquer ! #alaisedansmesbottes ». La nouvelle ligne éditoriale de mon compte Instagram m'a fait perdre quelques abonnés. Tant pis si cette photo ne génère pas beaucoup de likes, elle est pour moi, pour me souvenir de ce moment de bonheur simple.

Mon téléphone vibre. J'ai reçu un message.

MATHILDE

Il faut que je te dise quelque chose...

RAPHAËLLE

Dis-moi que ce que tu as à me raconter est interdit aux moins de 16 ans et que je n'ai pas fait tout ça pour rien ???

MATHILDE

Tout ça quoi ?

MATHILDE

Attends… tu veux dire que tu as fait exprès d'arriver plus tard ?

RAPHAËLLE

Vu votre lenteur, je vous ai prévu le week-end.

MATHILDE

Tu n'as pas l'intention de venir ?

RAPHAËLLE

Non, je vous laisse tous les deux, depuis le temps vous devez avoir un sacré retard à rattraper…

MATHILDE

Tu es une amie en or ! Merci.

RAPHAËLLE

Je ne l'ai pas toujours été mais je m'applique à le devenir. ;)

# Chapitre 32

## Solde de tout compte

Aujourd'hui est mon dernier jour chez Uneco, c'est le cadeau que je me fais pour mon anniversaire. J'ai trente-deux ans, l'âge auquel ma mère m'a eue, auquel elle bâtissait les fondations de sa famille. C'est l'âge que je choisis pour rebattre toutes les cartes, pour sauter dans le vide. Elle m'a transmis son grain de folie, il fait partie de mon ADN.

Les relations ne se sont pas vraiment améliorées au bureau depuis mon coup d'éclat au restaurant la semaine dernière. Je crois que je passe pour la folle de service, je prends ça comme un compliment.

Assise dans mon box, j'observe une dernière fois l'agitation de la fourmilière. Ce n'est pas comme si j'avais autre chose à faire, ma remplaçante est formée et mes dossiers lui ont déjà été transférés. Dans l'open space, les ouvrières s'attellent à la tâche, en s'impatientant tout haut pour un mail qui n'a toujours pas reçu de réponse, en pestant après la cartouche de la photocopieuse à changer, en se lamentant sur une visioconférence de dernière minute. La fourmi du vingt et unième siècle n'est pas prêteuse mais elle est aussi râleuse. Et qui pourrait la blâmer quand on songe à ses conditions de travail ?

L'agenda électronique de Valérie indique qu'elle est en rendez-vous médical. Je parie qu'elle est encore chez sa réflexologue ou chez l'esthéticienne. Anthony parle fort au téléphone, soit il est en conversation avec un grand-oncle qui souffre d'un trouble de l'audition, soit c'est un moyen de se donner de l'importance, de rappeler que dans quelques jours il occupera ses nouvelles fonctions. Je penche pour la seconde option. Rien de tout ce cirque ne me manquera. Pour autant, je ne suis pas en colère, ni même amère. C'est une page qui se tourne et je sais au fond de moi que j'ai fait le bon choix, celui du cœur. On se trompe rarement dans ces cas-là.

Je me lève pour entamer ma petite tournée d'adieux, j'ai prévu de passer saluer les personnes avec qui j'ai apprécié travailler, il y en a. Tout le monde n'est pas à mettre dans le même panier. De crabes. Lorsque j'arrive à l'ascenseur, les portes s'ouvrent sur Jean-Charles Messager, dans un costume que je parierais neuf. Il s'est fait tout beau, probablement pour accomplir sa mission de la plus haute importance, féconder la reine.

Cela prend plus de temps que je ne l'aurais imaginé, on me questionne sur ma nouvelle vie, on me félicite pour mon audace, on me souhaite bonne chance pour la suite… ou bon courage. J'ai gardé le meilleur pour la fin, j'ai proposé à Brune et Agathe de nous retrouver à la cafétéria. Elles ont toutes les deux accepté mon invitation.

— Alors, c'est ton dernier jour..., lance Brune pour entamer la conversation pendant que je me commande un café.

Vu la soirée à venir, je peux me permettre un shoot de caféine en plein après-midi.

— Oui... c'est un nouveau départ, je suis tout excitée à cette perspective.

— Les mariages..., commente Agathe qui n'ose pas dire tout haut ce qu'elle pense de ma reconversion.

— Oui, les mariages, je reste dans l'événementiel mais avec le côté authentique et sincère en plus.

— Je te souhaite de ne pas déchanter trop vite, raille Brune, parce que tu risques d'avoir des mariés pénibles à gérer, et il faudra te plier à leurs exigences... Tu sais ce qu'on dit, le client est roi !

— Il est certain que si je dois gérer les caprices de petites filles gâtées comme toi, ça peut vite devenir pénible !

Les hostilités sont déclenchées, ça faisait des mois que ça me démangeait.

— Rassure-toi, il est peu probable que je fasse appel à ta petite agence pour mon mariage, je crains que ça ne soit pas dans mes standards.

— Ouf, tu me rassures !

— Tu nous as proposé ce café pour régler tes comptes ? interroge Agathe avec un air pincé.

— C'est ça, et par souci d'honnêteté aussi. Je voulais vous dire que j'ai été déçue de ne pas pouvoir compter sur votre soutien quand je n'ai pas obtenu le poste. Brune, j'ai bêtement pensé qu'en tant qu'amie tu m'aurais prévenue pour éviter que je me prenne l'uppercut en pleine tête et j'ai naïvement cru que vous m'auriez appelée quand j'ai été en arrêt maladie.

— C'est toi qui t'es tout de suite emportée ! se défend aussitôt Brune.

Inutile de me donner la peine de répondre, tout ceci n'a plus d'importance à présent.

— Je crois qu'il est préférable que nous en restions là...

— Qu'est-ce que tu veux dire ?

— Je veux dire que je ne souhaite plus être votre amie, mais dans le fond, l'avons-nous jamais été ?

Elles me toisent. C'est flagrant aujourd'hui, ces filles se sentent réellement supérieures aux autres, à moi aussi désormais.

— Je vous trouve égoïstes, hautaines... et superficielles.

Cela fait un bien fou de dire ce qu'on pense.

— Tu te prends pour qui pour nous juger ? s'emporte Brune, son visage se tordant dans une grimace qui ne lui sied guère.

— Pour une fille d'ouvriers qui a compris un peu tardivement qu'elle était fière de ses origines !

Instant de jubilation en voyant leur tête.

— Quoi ? Ton père n'est pas négociant en métaux précieux ?

— Non, il travaillait à la chaîne à l'usine... et comme c'était quelqu'un de très consciencieux, il a fini sa carrière en tant que contremaître. Forcément, ça ne vous dit rien, mais pour moi ça veut dire beaucoup.

Ma révélation leur a cloué le bec. J'en profite pour enchaîner :

— Et puisque nous en sommes aux confidences, Grégory Levant n'est pas mon cousin.

— Comment ça ? interroge Agathe très concernée tout à coup.

— Il faut croire que je m'étais trompée de branche en faisant mon arbre généalogique...

— Tu te fous de nous ? poursuit Agathe, furieuse.

Ce petit règlement de compte est particulièrement savoureux, je ne regrette pas d'avoir attendu. La patience est mère de toutes les vertus.

— Oui, mais ce mensonge incombe pour moitié à Valérie !

— Tu sais que tu es complètement pathétique de mentir, ma pauvre fille ! intervient à son tour Brune.

— Je te l'accorde, si c'était à refaire, jamais je ne mentirais sur ma famille pour me faire accepter ! En revanche, en ce qui concerne Gregory Levant, je poursuis à l'attention d'Agathe, j'ai bien son 06 toutefois je n'ai aucune intention de te le donner. On est sortis ensemble un soir mais ce n'était pas mon genre.

— Encore un de tes mythos !

— Pensez ce que vous voulez, je m'en moque royalement ! je lance avant de tourner les baskets.

Je suis passée dire au revoir à Valérie, elle m'a servi un dernier discours formaté que j'ai fait semblant d'écouter. Je franchis le portique de sécurité, légère. Je m'apprête à retrouver mes deux meilleurs amis pour aller fêter dignement mon anniversaire. Ça va me faire bizarre de les voir en couple. J'espère qu'ils ne vont pas passer la soirée à se bécoter ! Mathilde a promis de tout me raconter, je me suis empressée de répondre que je n'avais pas besoin de connaître tous les détails. Jérémy est mon pote, ça serait glauque.

Un numéro inconnu s'affiche sur mon téléphone, j'hésite à répondre avant de finalement décrocher.

— Raphaëlle ?

— On se connaît ?

— Un peu... nous avons partagé un moment assez intime...

Merde, un ancien rencard relou. Je le savais, si je ne connais pas le numéro je ne dois pas répondre.

— Je suis un peu pressée là pour jouer aux devinettes ! je réponds, moyennement aimable, désireuse d'écourter cette conversation.

— Désolé, c'est Guillaume...

Mon rythme cardiaque s'accélère brusquement, pourtant je suis à l'arrêt.

— ... ton sauveur... l'autre jour dans les toilettes.

Je sautille sur place dans la rue, je dois avoir l'air d'une ado.

— Excuse-moi, je ne te remettais pas, je mens éhontément mais c'est pour la bonne cause.

— J'ai apparemment endommagé la porte en démontant la serrure et le restaurant souhaite faire jouer mon assurance pour les réparations.

— Ah..., je réponds légèrement déçue.

— Mon assureur me demande une déclaration avec ta signature attestant que tu étais effectivement enfermée.

— OK...

— J'ai commencé à rédiger un texte expliquant ce qui s'est passé...

Un coup de foudre ? Je m'emballe. Si ça se trouve, c'est le fameux vin qui m'a tourné la tête et à la lumière du jour il ne me plaira plus du tout.

— On pourrait se voir pour que tu le signes ?

Dans le noir, alors.

— Oui, bien sûr, je réponds en essayant de me concentrer pendant que mon esprit commence déjà à faire des plans sur la comète.

— Quand serais-tu disponible ?

Je pourrais lui proposer de nous rejoindre ce soir. Non, ça ferait la fille désespérée.

— Vendredi soir, je peux me libérer.

Ne pas dire que je n'ai rien de prévu.

— Oui, c'est bon pour moi. 19 heures au Dix, tu connais ?

— Je connais.

C'est même une adresse où j'avais mes habitudes à une période. Nous aurions pu nous rencontrer ailleurs que dans un lieu d'aisances.

— Parfait, on fait comme ça alors. À vendredi.

— Je peux te demander comment tu as eu mon numéro ? je questionne, curieuse avant qu'il ne raccroche.

— Une serveuse se souvenait de toi, la fille aux sandales argentées, elle m'a donné le nom de ton entreprise et je t'ai reconnue sur une photo.

Ah oui, quand même, il s'est donné de la peine pour me retrouver, le montant des réparations doit être sacrément élevé. Je souris. Vivement vendredi.

# Épilogue

Il faut que je me dépêche si je ne veux pas être (encore) en retard et entendre papa rouspéter parce que le poulet est trop cuit. C'est sacrilège de rater le poulet au tournebroche ! En plus, aujourd'hui, il reçoit une invitée spéciale à Millepertuis, Rachel. Ils ont longuement échangé au téléphone, ils se sont expliqués mais le chapitre est à présent clos, ils ne souhaitent pas remuer davantage le passé et veulent aller de l'avant. C'était important pour moi qu'ils se réconcilient, ils sont la seule famille qui me reste.

Lauriane et Teddy ne seront pas présents, ils sont en vacances en Grèce*. C'est une histoire qui dure, peut-être que ces deux-là finiront par se marier après tout ? Mais pas chez Laurence M. Wedding. Je suis prête à payer des gens pour qu'ils se marient le même jour afin d'éviter d'avoir à organiser leur mariage !

En revanche, je me porte volontaire pour organiser celui de Mathilde et Jérémy qui ne se quittent plus. Ils sont trop mignons.

---

* Il est possible que je me sois renseignée sur leurs dates de vacances avant de fixer le jour de ce barbecue.

Depuis deux semaines, je suis officiellement *wedding planner*, je bouillonne d'idées, c'est plutôt bon signe. C'est encore tout nouveau, mais je suis pleine d'entrain le matin en allant au bureau. Je sens que ce nouveau chapitre que je commence à écrire va me plaire, que je vais m'amuser. J'ai forcément une pensée pour maman, cependant ça ne me fait plus mal. J'éprouve une douce chaleur à l'intérieur. Où qu'elle soit, elle m'accompagne et me guide.

Et, grande nouvelle, j'ai fini de jouer un rôle, je suis enfin moi. Je m'en porte tellement mieux. On devrait pouvoir être soi dans sa vie privée et professionnelle de la même manière. Pour la première fois, j'éprouve un sentiment de cohérence, la sensation d'être enfin à ma place. Cela peut prendre du temps de se trouver. Un peu moins si on se moque du regard des autres.

J'aimerais dire à la petite fille qui n'avait pas les bonnes baskets qu'on s'en fout des chaussures, des fringues à la mode, la vraie richesse est celle du cœur.

## Carnet de Raphaëlle

*Si j'étais un prénom... Guillaume.*

*Si j'étais une couleur... noir.*

Celle de ses yeux qui m'ont hypnotisée au premier regard.

*Si j'étais un lieu... les toilettes.*

Quoi de moins romantique, lorsqu'on y songe, pour démarrer une histoire ? C'est forcément de bon augure ? Depuis notre rencontre, je regarde les WC différemment.

*Si j'étais un métier... ébéniste.*

Il fabrique et restaure des meubles, à son compte. Il est entrepreneur. Au collège, M. Tripet, le prof de maths, nous menaçait : « Si tu ne travailles pas bien, tu finiras en CAP ! » La punition ultime. Les métiers manuels étaient la voie de garage. Heureusement que je ne l'ai pas écouté !

*Si j'étais un jour de la semaine... le dimanche.*

Pour le passer avec lui sous la couette.

*Si j'étais une émission de télé...* Top Chef

Il cuisine divinement.

*Si j'étais une qualité... l'humour.*

C'est fou ce qu'il me fait rire.

*Si j'étais un défaut... menteur.*

Le restaurant ne lui a jamais demandé de contacter son assurance pour d'éventuelles réparations. Il a inventé toute cette histoire. En revanche, il a bien fait le tour des serveuses en espérant que quelqu'un se souvienne de moi (merci mes sandales argentées) et a passé un certain temps à regarder les photos sur le site Internet et les réseaux d'Uneco pour me retrouver.

*Si j'étais une épice... le poivre.*

Parce qu'il a ce pouvoir de me rendre folle de lui !

# Table

DEUXIÈME PARTIE

## Les grandes absentes



TROISIÈME PARTIE

## La vraie vie

# REMERCIEMENTS

Je me demandais ce que j'allais pouvoir vous raconter pour ce dixième roman. Si elle a d'abord pris son temps, cette histoire s'est finalement imposée à moi. Cette petite fourmi qui ne se reconnaît plus dans la fourmilière. J'en connais quelques-unes.

J'ai depuis toujours un attachement fort à mes racines, elles m'aident à me sentir ancrée dans un monde avec lequel je me sens parfois en décalage. Les souvenirs de Rachel sont la mémoire d'une époque. Que j'ai connue ou qu'on m'a racontée. J'ai choisi de les présenter sous forme de contes, un clin d'œil à ce titre très librement inspiré d'une célèbre fable.

Merci à mes parents qui se sont invités entre ces lignes. À Mila, c'est un bonheur de te voir si passionnée par la lecture, de pouvoir échanger avec toi, te demander conseil aussi. À Véro. Cette histoire a forcément une résonance particulière.

Merci à C. Comme Line de me suivre dans mes idées les plus folles. Je la voulais cette boule à facettes, comme une invitation à danser la vie. À Anne d'avoir répondu présente. À Vincent.

Merci à Virginie, Damien, et aux Éditions de l'Archipel de croire en moi et de m'accompagner dans cette nouvelle aventure.

Merci aux représentants, aux libraires, de conseiller et de porter mes romans. Et de m'inviter à venir à la rencontre des lecteurs.

Merci aux influenceuses pour leurs chroniques et leurs photos qui permettent à mes histoires de fleurir sur les réseaux.

Et enfin, un immense merci à vous, lectrices et lecteurs. Grâce à vous, je souffle ces dix bougies.

À très bientôt sur les salons, les réseaux sociaux ou par mail : charlotte.leman.auteur@gmail.com.

DANS LA MÊME COLLECTION

*Sur mes épaules, tu bâtiras ton monde*
Julien Aime

*Les chats ont neuf vies, moi j'en aurai deux*
Julien Aime

*Je réveillerai les couleurs du bonheur*
Julien Aime

*Pas d'ombres sans lumière*
Dorothée Catoune

*C'est auprès d'elle...*
Dorothée Catoune

*Les Indécis*
Alex Daunel

*La Vie selon Hope Nicely*
Caroline Day

*Quelque part au-dessus du ciel*
Ludivine Delaune

*Quand les hasards sont des rendez-vous*
Magali Discours

*Toutes les histoires commencent par une petite faim*
Magali Discours

*Après nos rêves, enfin le jour*
Magali Discours

*À la reconquête de l'Ouest*
Audrey Françaix

*Les fausses promesses des cigognes*
Marion Grosjean

*Comme des éclats de toi*
Marie Joudinaud

*La vie ne se danse jamais seul*
Marie Joudinaud

*Je suis venue te dire*
Cynthia Kafka

*Contre vents et secrets*
Cynthia Kafka

*Si la vie te donne des citrons fais-en une tarte meringuée*
Charlotte Léman

*La délicieuse imposture du chant des sirènes*
Charlotte Léman

*Qui sème des graines de folie croque la vie*
Charlotte Léman

*Et si l'herbe était vraiment plus verte à la campagne ?*
Charlotte Léman

*Comment les pingouins ont sauvé Veronica*
Hazel Prior

*Elle a tes yeux, mon amour*
Typhanie Moiny

*Oona et le sens de la vie*
Margarita Montimore

*Ellie et Dan*
Hazel Prior

*Dans l'obscurité scintillent les fragiles étoiles*
Marjolaine Solaro

*Motus et cœurs cousus*
Léa Volène

*Dans mon sang, la grenade*
Léa Volène

*Cet ouvrage a été composé*
*par Atlant'Communication*
*au Bernard (Vendée)*

*Impression réalisée par*

NORMANDIE ROTO IMPRESSION S.A.S.
*à Lonrai (Orne)*

*en avril 2024*
*pour le compte des Éditions de l'Archipel*
*département éditorial*
*de la S.A.S. Écriture-Communication*

*Imprimé en France*
N° d'impression : 2401787
Dépôt légal : mai 2024